ストレスフリー人間関係

ぬいぐるみ心理学を
活用してあなたの
人間関係の
悩みを
解決する方法

伊庭和高 著

セルバ出版

はじめに

こんにちは、伊庭《いば》和高《かずたか》です。

本書を手に取ってくださりありがとうございます。そして、本書を手に取られたということは、「人間関係の悩みを解決したい」、あるいは「よりよい人間関係を築きたい」と少しでも願っているからだと思います。

それでは、早速、あなたの人間関係の現状をチェックしてみましょう。

次の質問に対して、「当てはまる」と感じた質問に○をつけてください。大事なのは、現状を把握することです。誰かに見せるわけではないので、今の素直な気持ちで取り組んでみてください。

□ 周りから自分のことを褒められても「そんなことないのに…」と思ってしまう。
□ 仕事やプライベートにおいて苦手な人がおり、その人とかかわるとストレスを感じてしまう。
□ 自分の中で考えがまとまってからでないと相談できないと思っている。
□ 「自分の好きなところは何か?」と聞かれて、1分以内に10個答えることができない。
□ 「何を考えているのかわからない」と周囲に言われたことがある。
□ 仕事の悩みやストレスをプライベートまで引きずってしまうことがある。
□ 自分に自信が持てないと感じている。
□ 仕事や恋愛などで「あの人はすごいな」と相手の成果を見て自分と比べることがある。

□　日々の生活の中で気疲れを感じている。
□　様々な方法を試したが自分が求めるレベルまで人間関係の悩みが解決していないと感じている。

さて、いくつ○がついたでしょうか？

「○が3個以上の人は人間関係で悩んでいます！」というように、いくつ○があるかで人間関係の悩みの度合いを判断することはしません。ですが、どれか1つでも○がついた場合は、何かしら人間関係で上手くいかない現状があると感じているのでしょう。

私は、これまで8年間で5000名以上のお客様の相談に乗って来ましたが、ほとんどが人間関係についての内容でした。性別や年齢や職業、そして置かれた境遇を問わず、あらゆる悩みの背景には人間関係が存在していました。

仕事や恋愛や夫婦関係や親子関係、友達関係や初対面の相手との関係など、私達は様々な場面で人とかかわります。ですが、理想の人間関係の築き方について、私達は学校の授業で習って来ませんでした。もちろん、1度や2度、授業で取り上げられたり、外部講師を招いた講演会ならあったかもしれません。

しかし「人間関係」という科目は存在しませんし、「人間関係の悩みを解決する方法」「理想の人間関係を築く方法」といった内容を授業でこと細かく教えてもらったこともないでしょう。

私達は、生まれた瞬間から人とかかわり始めるのに、そのために必要な方法を教わって来なかったのです。その分、本を読んだり、講演会に参加したりと、自力で情報収集をして来たのだと思います。

実際、私もそうでした。私も人間関係の悩みを抱えていたので、大学時代は毎月のアルバイト代の半分を人間関係に関する本や講演会に費やしていたこともありました。ただし、小手先のテクニックや知識ばかりは増えるものの、一向に悩みは解決せず、相手を変えて人間関係の悩みを抱き続けて来ました。

私は、現在、「ぬいぐるみ心理学®」という手法を開発し、お客様の悩みの解決や目標実現のサポートをしています。私自身も人間関係の悩みを抱いていましたが、根本から悩みを解決するために試行錯誤を繰り返した結果、ぬいぐるみ心理学を開発しました。

私自身が実践することはもちろん、多くのお客様が実践する中で、今まで解決しなかった悩みが解決し、本当に望む毎日を手に入れることができるようになりました。実際にお客様にどのような変化があったのか、その1例を紹介します。

「以前は周りを気にして飲み込んでいたことを言えるようになった」
「怒りや不安で動揺しても、すぐに落ち着けるようになった」
「理想の職場に転職できた」
「わからないことは素直にわからないと伝えられた」
「寂しい気持ちに襲われ続けることがなくなった」
「パートナーに言いたいことを言えるようになった」

「起業して目標の売上に到達した」
「気が進まないことは断れるようになった」
「仕事に対して、不安や自信のなさを感じることがなくなった」
「自分で自分を認められるようになった」
「大人数の前でも緊張せず、自分の考えを発表できるようになった」
「上司に気を使い過ぎてしまうことがなくなった」
「部下が自分の意見を伝えてくれるようになった」
「特定の相手に対する苦手意識がなくなった」
「子供の言動にイライラせず、お互いを尊重してかかわれるようになった」
「やりたいことが見つかった」
「人目を気にせず行動できるようになった」

他にも多くの変化があるのですが、特徴的なのが分野を問わずに変化が起きることです。仕事でも、パートナーシップでも、親子関係でも、夢の実現でも、あらゆる事柄において本当に望む変化が生まれるようになります。そして、本書で詳しく解説するのですが、人間関係の悩みに向き合うことが、あらゆる分野の変化を起こすことに直結して来るのです。

本書では、ぬいぐるみ心理学を活用し、人間関係の悩みを解決するための方法をお伝えします。
そして、ぬいぐるみ心理学を実践する中で、仕事やプライベートなど様々な場面でストレスフリーな人間関係を築き、安心感を抱きながら、幸せな毎日を過ごせるようになるためのポイントを紹介していきます。

第1章では、本書のテーマである人間関係の悩みの真実に迫っていきます。人間関係の悩みが日常の様々な場面で影響を与えていることを知り、人間関係の悩みに向き合うことが、様々な分野の変化につながることを学んでいただきます。

第2章では、悩みを解決する方法であるぬいぐるみ心理学の全容について解説します。私自身がぬいぐるみ心理学にたどり着いた経緯についてもお話します。また、現在ぬいぐるみを持っていなくてもぬいぐるみ心理学は活用できることについても、詳しく説明します。

第3章では、私達が人間関係の悩みを抱く根本的な原因を取り上げます。また、人間関係の悩みを解決する上で必要不可欠な「自信」というテーマについても深掘りしていきます。「正しい承認欲求の満たし方」であったり、「やりたいことがわからない人の共通点」など、多くの人が疑問に感じるテーマについても解説していきます。

第4章では、人間関係の悩みを解決する方法を3ステップで公開します。たった3つのステップを繰り返すことで人間関係の悩みが解決できるので、各ステップについて詳細に説明していきます。また、3ステップを素直に実践し続けたことで変化を起こしたお客様の事例も紹介します。

第5章では、ストレスフリーな人間関係を手に入れるために必要なぬいぐるみとのかかわり方を具体的に解説します。また、現在ぬいぐるみを持っていない人に向けて、「悩みの解決に必要なぬいぐるみの選び方」もお伝えします。

第6章では、コミュニケーションについて取り上げながら、「ストレスフリーな人間関係を築けた人が持っている姿勢」をお伝えします。その中で、意外と多くの人が使ってしまう「わかって欲しい」という言葉が人間関係を崩壊させてしまう理由も公開します。

それでは、本書の内容に入りましょう。

まずはあなたに、衝撃的な事実をお伝えしたいと思います。

2020年3月

伊庭　和高

ストレスフリー人間関係
―ぬいぐるみ心理学を活用してあなたの人間関係の悩みを解決する方法　目次

第2章　人間関係の悩みを解決する「ぬいぐるみ心理学」の全容

第3章　人間関係の悩みの根本原因

第4章　「ぬいぐるみ心理学」で人間関係の悩みを解決する方法

第5章 人間関係の悩みを解決するための「ぬいぐるみ」とのかかわり方

第6章　ストレスフリーな人間関係を手に入れた先に

第1章　一生の悩みの9割は人間関係

・人の悩みの9割は人間関係

アドラーの言葉

「私達人間の悩みのほとんどは、結局のところ人間関係によるものだ」。

これは、「嫌われる勇気」で有名な心理学者のアドラーが語ったとされる言葉です。子供の頃から大人になるまで、そして、仕事でもプライベートでも、すべての悩みの背景には人間関係が存在します。

「人は1人では生きていけない」という言葉がありますが、裏を返せば、生きている限り、誰かしらの人とかかわり続けるわけです。生まれた瞬間から親や親戚とかかわり始め、学校の友達や習い事での人間関係、先生との関係や部活の人間関係、社会に出れば職場の人間関係も必要ですし、パートナーシップについても言えます。

人とかかわることにおいて、私達に選択の自由はありません。誰とかかわるかは、自らの意思で選択できますが、人とかかわること自体は一生続くのです。

例えば、ここに、興味深いデータがあります。2018年5月に、チューリッヒ生命が「ビジネスパーソンが抱えるストレスに関する調査」の結果を公開しました（図表1参照）。20代～50代の男女1000人が回答したこの調査では、ビジネスパーソンの7割以上が勤め先でストレスを感じ

【図表１　ビジネスマンが抱えるストレス】

Q. あなたは勤め先でどの程度ストレスを感じていますか？		
非常にストレスを感じている	30.0%	➡ 73.4%
ややストレスを感じている	43.4%	
ほとんどストレスを感じていない	16.4%	
ストレスは感じていない	10.2%	

Q. 勤め先でストレスの原因になっていることは何ですか？（複数回答可）		
1位	上司との人間関係	38.9%
2位	同僚との人間関係	29.0%
3位	仕事の内容	27.2%
4位	仕事の量が多い	26.8%
5位	給与や福利厚生などの待遇面	25.6%

出所：ビジネスパーソンが抱えるストレスに関する調査（チューリッヒ生命、2018年）

ていると回答しています。また、ストレスの原因になっていると感じることについても、約７割の回答が上司や同僚との人間関係を原因に挙げています。現代で働く日本人の中でも、人間関係におけるストレスを多くの人が感じていると考えられます。

仕事の悩みも人間関係が原因である

「でも、３割は人間関係以外の悩みですよね？」と、ひょっとしたら思われたかもしれません。ですが、先ほどアドラーの言葉を紹介したように、すべての悩みは最終的には人間関係の悩みにたどり着きます。

例えば、先ほどの調査で挙げられたストレスの原因になっている項目は、人間関係の他には「仕事の内容」「仕事の量が多い」「給与や福利厚生などの待遇面」がありま す。ですが、これらも細分化すれば人間関係の悩みに行き着きます。

いずれの悩みも、上司に相談したいのに、上司の顔色を伺って相談できないままストレスを蓄積しているのであれば、それは人間関係の悩みと言えます。

あるいは、待遇面を気にして異動や転職をしたいと思っても、他の人と比較して自分のスキルに自信が持てなかったり、転職活動することを家族に反対されたらどうしようかと迷っている状態も、人間関係の悩みが根底にあると言えます。

このように考えれば、仕事の悩みも結局のところ、人間関係の悩みだと言い換えてもよいでしょう。仕事は、私達の人生の多くを占めますので、仕事の悩みを抱え続けている状態は非常に苦しいと言えます。

仕事を退職する理由の４割が人間関係

仕事の人間関係について、もう1つ興味深いデータを紹介します。

就職や転職を支援する人材総合サービス企業であるエン・ジャパン株式会社が、運営する転職情報サイト『［ｅｎ］社会人の転職情報』上でサイトユーザー５０００人を対象に退職理由についてアンケートを実施しました。

そしてその結果を２０１３年8月に、『［ｅｎ］社会人の転職情報サイトユーザー５０００人、退職理由のホンネ・タテマエ調査』として公開しました（図表2参照）。

この調査では、会社に伝えた退職理由と本当の退職理由を回答してもらうことで、前者を「建前」、

【図表２　退職理由の本音と建前】

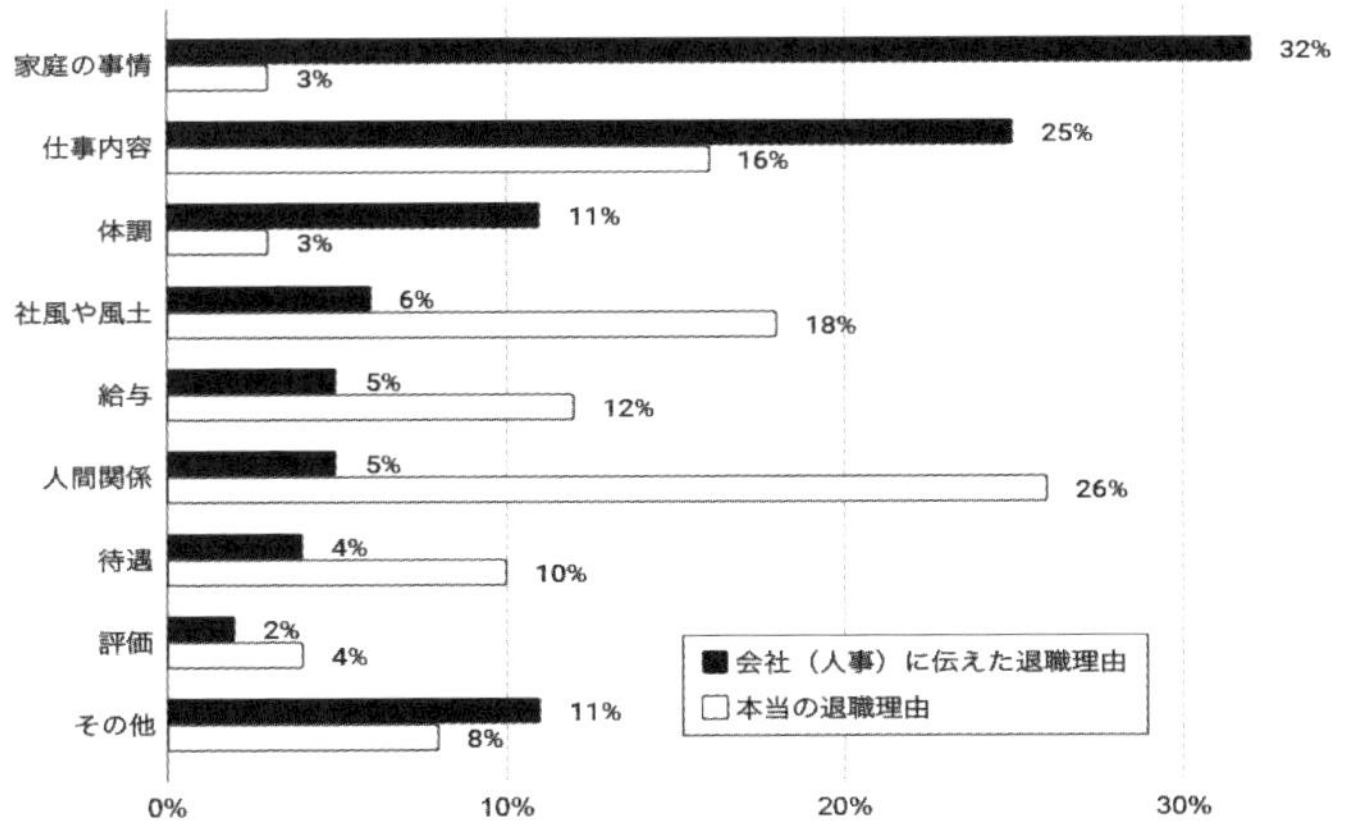

出所：［ｅｎ］社会人の転職情報サイトユーザー５０００人、退職理由のホンネ・タテマエ調査（エン・ジャパン株式会社、２０１３年）

後者を「本音」の退職理由という形で分けています。

調査結果について、報告内容では次のようにまとめられているので、一部を引用します。

『会社（人事）に伝えた退職理由として最も多かった回答は「家庭の事情」（32％）でした。

家庭の事情はプライベートなことであるため、たとえ〝タテマエ〟だとわかっていても、上司や人事が踏み込みにくい領域。引き止めることが非常に難しい理由であるからこそ、会社に伝えた退職理由として最も多く挙げられたものと思われます。

一方、本当の退職理由は「人間関係」が26％で最多となりました。「社風や風土」（18％）も人間関係との相関が深いと考えると、４割以上が仕事内容や給与・待遇といった労働条件とは異なる理由で占められています。

また、タテマエ上の退職理由として最も多く挙げられた「家庭の事情」は3%と、本当の退職理由では最も低い結果に。「家庭の事情」という理由が、いかに利便性だけで使われているかがうかがえる結果となりました』。

本当の退職理由の4割以上が人間関係に関するものであり、他の選択肢を引き離して一番多くなっています。先ほどの図表1で紹介した調査結果では、ストレスの原因になっていると感じることについて、約7割の回答が上司や同僚との人間関係を原因に挙げています。

そして図表2の調査結果も踏まえれば、実際のところ、ストレス要因で上位を占める人間関係について、そのまま退職要因としても上位を占める結果となっているのです。

人間関係を理由に退職する場合、前向きな理由なことはほとんどないと考えられます。「今の職場の人間関係に満足しているので転職します！」という理由は考えにくいですよね。

以前一緒に働いていた仲のよい同僚からヘッドハンティングをされた等、ごく一部の理由を除いて、人間関係を理由に退職する場合、何かしらのストレスを抱えていることが考えられます。

仕事の悩みも、結局のところ人間関係の悩みだと先ほど述べましたが、人間関係の悩みを放置したままにしておくと、最終的には退職理由にまで発展してしまうのです。

とはいえ、別の会社で働いても人間関係は存在するので、同様の悩みを新たな職場でも抱いてしまえば、仕事をする限り同じような人間関係の悩みを抱き続けることになってしまうということなのです。

ネガティブな感情は人間関係の悩みから生まれる

ネガティブな感情を抱く原因は人間関係にあり

突然ですが、あなたの苦手な人を思い浮かべてください。あなたは、その人のどのようなところに苦手意識を感じているでしょうか？

「いつも強い口調で伝えて来るのが怖い」「回りくどい言い回しにイライラする」「自慢話ばかりして来るのがうっとうしい」など、様々な言葉が出て来たと思います。苦手な相手だからこそ、苦手意識を持つほどにネガティブな感情が次々と湧き上がって来ます。

ここで１つ、大事なことをお伝えします。多摩大学大学院特任教授である田坂広志氏は、著書『運気を磨く 心を浄化する三つの技法』において次のように述べています。

『実は、我々の心の中のネガティブな想念の多くが「人間関係」での摩擦や葛藤、反目や衝突から発生している』。

本書の後半でもその背景を具体的に取り上げますが、ネガティブな感情の多くが人間関係の悩みから生まれるという主張には、私も強く同意します。何よりあなた自身も、これまでの人生の中で体感して来たはずです。不安や怒り、恐れや嫉妬、憎しみや罪悪感というような、いわゆるネガティブな感情が湧き上がったとき、そこには相手の存在を前提としているのです。

先ほど苦手な人について振り返ってもらいましたが、苦手な人とかかわることでネガティブな感情が生まれ、ますます相手のことを苦手になっていくわけです。

「ネガティブに考え過ぎてしまうのをやめたい！」「マイナス思考を手放したい！」といった相談は多くのお客様から受けますが、ネガティブな感情を抱く原因が人間関係であるならば、人間関係の悩みが解決しなければ今後もネガティブな感情を抱き続けることになります。一方で、裏を返せば、人間関係の悩みが解決すれば、ネガティブな感情を抱き続けることもなくなるのです。

「私達の心の中で生じるネガティブな感情の背景には、人間関係が横たわっている」という認識を持つことは、ネガティブな感情を抱き続けることなく毎日を過ごす上で、非常に重要なことだと言えるのです。

人体実験の結果

人とかかわらなければ悩みは消え去るのか

「悩みの原因が人間関係であるならば、いっそのこと人と一切かかわらなければよい！」。

ここまでの話を受けて、このように考えた人もいるでしょう。実際、過去の私も同じように考えたことがありました。そして、過去の私は、人と一切かかわらなければ本当に悩みが消え去るのかどうかを実験したのです。

私自身も人間関係の悩みを抱えていました。周りの目を気にしたり、自分の気持ちを押さえて周りに合わせたり、時にいい子を演じたりと、子供の頃から悩んでいました。

そして、大学3年生の9月に、私は自分の身体を使って実験しました。ちょうど夏休み期間だったので、自宅から一切出ず、人と関わらない状態で過ごすことにしたのです。実家で暮らしていたので、食事とお風呂に入るときだけは家族と最低限かかわります。ですが、その際も自分から言葉を発することはせず、できる限り部屋にこもり、１人の時間を過ごすようにしました。

「誰ともかかわらないから、これでストレスフリーだ！」――念願叶って飛び跳ねて喜んでいたのも、最初の２日間だけでした。

３日目から心の奥底で、次々にネガティブな感情が湧き上がりました。「友達は今頃何をしているだろう？　自分よりも楽しい夏休みを送っているんじゃないか？」と、急に不安になり、気づけばＳＮＳで友達の近況をチェックし始めました。海外旅行をしていたり、就活に向けて着実に行動している投稿を見て、「彼らは頑張っているな。それに比べて自分は…」と、劣等感を抱くこともありました。

また、パソコンをつければ様々なニュースが飛び込みます。「あの有名人はすごいな。それに比べて自分は…」「あの政治家の不祥事を聞いていると何だかイライラする！」というように、メディアに登場する有名人の言動を見聞きしながら一喜一憂を繰り返していました。

たとえ誰とも会わずに過ごしていても、私達はメディアやＳＮＳを通して間接的に誰かとかかわります。また、1人で考え事をしていても、誰かを思い浮かべながら自分と比較してしまうことはあります。誰とも会わずに1人切りで過ごしても、人と一切かかわらないということはあり得ないのです。結局、ストレスばかりを感じるようになり、私の実験は1週間をもたずに強制終了となりました。

人間関係の悩みはリセットできない

相手を変えても同じ悩みが繰り返される

「大丈夫、今だけ我慢すればよい」「あの人との関係が終われば楽になる」。

過去の私も含め、人間関係の悩みを抱えている人が、頻繁に思い浮かべる言葉です。悩みを抱える相手とかかわらなくなれば、人間関係の悩みも解消するのではないかと思い込んでいるのです。「高校を卒業すれば…」「親元から離れれば…」「異動があれば…」「転職すれば…」「住む場所を変えれば…」人間関係もリセットされ、安心して毎日を過ごせるようになると、一見すると感じてしまいます。

ですが、人間関係の悩みはリセットできません。付き合う相手を変えて、似たような悩みが何度も繰り返されてしまいます。

例えば、ハッキリと強い口調で伝えて来る人が苦手だとすれば、付き合う相手を変えても、似たような特徴を持った人はいます。「Aさんのことが苦手で転職したのに、転職先にもAさんのような特徴を持ったBさんがいた…」ということは普通にあるのです。

人間関係の悩みを抱き続ける根本原因については第3章で詳しく解説しますが、根本原因に向き合わない限り、相手を変えて同じ問題が繰り返し発生します。目の前の状況をどれだけ変え続けても、新たな環境で似たような壁に直面してしまうのです。

気を使い続けた経験から判明したこと

私自身も、人間関係をリセットすれば悩みが解決されると思っていました。私の場合には、子供の頃から、人とかかわるときに、まず相手のことを考えて気を使ってしまうということに悩んでいました。

確かに、気が使えるのはよいことでもありますが、気を使い過ぎてしまうと自分の意見が言えなかったり、無理をしてでも相手に合わせて振る舞ってしまうこともあります。

「気疲れ」という言葉があるように、気を使えば使うほど、私達の見えないところで精神的な疲れが蓄積されてしまいます。その結果、自宅に帰ってベッドに倒れ込んだり、食事やショッピング等でストレスの発散へと走ってしまうこともあります。

「Aさんとの関係が終われば、気を使い過ぎることはなくなる」と私も思っていましたが、たとえAさんとかかわらなくなったとしても、新たに出会ったBさんとの関係で気を使い始めてしまうのです。

要するに、付き合う相手を変えても自分自身が変わらなかったので、気を使い過ぎてしまうという悩みを繰り返し続けていたのです。

「仕事は仕事」と割り切ることは不可能

ストレスは空間を越える

ここで1つ、大切なポイントをお伝えします。そのポイントとは、「人間関係の悩みは空間を越える」ということです。「仕事は仕事、プライベートはプライベート」というように仕事の悩みを仕事だけで区切り、プライベートに持ち越さないことは不可能なのです。

仕事でもプライベートでも、自分の時間という枠組みでは同じです。仕事のミスを引きずってしまって休日のデートが楽しめなかったり、仕事のイライラを持ち帰り家族に当たってしまうこともあります。

あるいは、朝に夫婦ゲンカをした影響で、むすっとした表情で職場に居座っていることもあるでしょう。また、お酒で発散したりお菓子を食べ過ぎたり、何となくネットサーフィンをしたりと、ストレス発散の行動を取ってしまうこともあります。

本書のタイトルは、ストレスフリー人間関係ですが、そもそもストレスは仕事とプライベートでは区切れず、空間を越えて持ち続けてしまうものです。人間関係は、仕事とプライベートの区別なく存在するので、人間関係のストレスも時間で区切ることはできません。この点については、意外と多くの人が見落としているのです。

ワークアズライフへの転換

ちなみに、仕事は仕事と割り切れないことについては、筑波大学准教授である落合陽一氏が「ワークアズライフ」という概念で説明しています。

ワークアズライフについて簡潔に述べると、「仕事とプライベートを分けて考えずに過ごしましょう」という考え方であり、今後の日本社会においてワークアズライフが浸透することの大切さを落合氏は述べています。

もちろん、ワークアズライフとは、「プライベートの時間まで仕事のことを考えましょう」と言いたいわけではありません。自分の人生の時間という大きな単位で見ると、仕事もプライベートも区切ることはできませんので、それぞれの時間で区切って考えるのではなく、仕事もプライベートもストレスなく過ごせるようになることを目指す概念だと言えます。

例えば、残業を禁止して定時で帰宅できるようにしても、仕事中にストレスを感じ続ける状況であれば、帰宅後にもストレスを引きずってしまいます。そうではなく、ストレスをできる限り感じ続けない状況をつくることのほうが大切なのです。その点でワークアズライフとは、ストレスに注目した概念だと言えます。

人間関係の悩みを抱くほどにストレスも蓄積されますし、仕事とプライベートの区別なくストレスは襲って来ます。第3章で人間関係の悩みの根本原因については解説しますが、根本的な原因と向き合い、ストレスをため込まずに過ごせるようになることが、本書のタイトルでもあるストレスフリーな心境へとつながります。

「気疲れ」の真実

気疲れは心身にダメージを及ぼす

人間関係のストレスを空間を越えて持ち続けてしまうことは、気疲れについて考えるとよくわかります。私達が大人になると、学校に通っていたときのように体育の授業もなければ部活もありません。それにもかかわらず、「子供の頃より疲れているな…」と感じる瞬間が出て来ます。確かに年齢による衰えもあるでしょうが、子供の頃と比べると、肉体的な疲れ以上に精神的な疲れを感じやすくなっていることも原因だと考えられます。

仕事やご近所付合いなど、大人になれば気を使う場面も増えて来ます。自分の言いたいことを飲み込んだり、相手に合わせて振る舞う場面も増えて来ます。その結果、知らず知らずのうちに気疲れをため込んでしまいます。

仕事から帰ると、ドッと疲れを感じてベッドに倒れ込んだり、休日は何もする気が起きなかったり、肩が凝るなど身体の不調を感じたりと、蓄積された気疲れは心身にダメージを及ぼしているのです。

気疲れを感じ続ける状況を根本から改善する

「マッサージを毎週のように受けているのに、その場では楽になるものの翌日には再び疲れがたまってしまう」という相談を過去にお客様から受けたこともありましたが、たとえマッサージをして身体の調子を整えたとしても、仕事やプライベートで人間関係の悩みを抱き続けていれば、再び気疲れが蓄積されてしまうのです。

身体の調子を整えるだけでなく、心の調子を整える上でも、気疲れを感じてしまう原因と向き合うことは大切です。気疲れという言葉が表すように、「気」とは私達の目に見えないものです。ですが、目に見えない疲れが蓄積し、目に見える現実の生活に影響を与えているとすれば、そもそも気疲れを感じ続ける状況を根本から改善する必要があると言えます。

心の便秘

本人に自覚症状がないまま状態が悪化する

人間関係の悩みを我慢すればするほど、私達の心の中にストレスやモヤモヤした気持ちが蓄積されてしまいます。ですが、無尽蔵に蓄積できるわけではないので、ため込んだストレスは限界を迎えると半ば強制的に発散されてしまうのです。

たとえるならば、「心の便秘」のようなものです。私達人間の身体は、定期的に排泄をするようにできていますが、便秘になり、排泄のリズムがとどこおると、腹痛に襲われたりと、体調を崩してしまいます。もちろん、便秘はいずれ解消されるのですが、今まで蓄積されたものが一気に排泄されるので、身体に負担をかけていることは間違いありません。

悩みを我慢している状態は、まさに自分の心の中で便秘状態が発生しているようなものです。人間関係の悩みを心の中にため込み続けると、どこかで心の容量が限界に達してしまいます。その結果、強制的に悩みが外へと排出されるのです。

外への排出は、お酒を飲んでストレス発散をしたり、欲しくもない物を衝動買いしてしまったり、あるいは友達をつかまえて何時間も悩みを吐き出してしまったりと、心の便秘の解消法はその時々で違います。

人によっては、無理をしてストレスをため込んだ結果、体調を崩してしまうこともあるかもしれません。心の便秘が解消されれば一時的にスッキリしますが、身体の便秘と同様に心身に負担をかけていることは確かです。

そして、実は、心の便秘については、本人に自覚症状がないことも多いのです。先ほど述べた気疲れと同じ構造なのですが、ストレスやモヤモヤした気持ちは、私達の目には見えません。実態のないものが心の中で蓄積されているので、そもそも心が便秘状態になっていることに自分で気づけないこともあるのです。

知らず知らずのうちに状態を悪化させ、気づいたときには目に見える現実に影響が及んでしまう状況は避けたいところです。

一生の内であなたがかかわる人は何人？

ここであなたに質問です。一生の内にあなたがかかわる人は、いったい何人だと思いますか？

もちろん、置かれた状況によって正確な人数には違いが出て来ますので、おおよそ何人かを考えていただければと思います。

…おおよそ何人と一生の内にかかわるのか、答えは出たでしょうか？

答えは無限大

答えは、「無限大」です。

「伊庭さんもわからないいんじゃないか！」とツッコミが入りそうですが、実は現代においては、一生の内に何人の相手とかかわるのかは本当にわからないのです。それこそ一生の内に、日本の総人口である1億人以上の人とかかわる可能性もあります。

ここまでお伝えしたように、私達は、直接人とかかわるだけでなく、間接的に人とかかわることもあります。有名人のニュースを見てネガティブな感情が湧き上がったり、SNSで見た知らない人の投稿を読んで一喜一憂したりするわけです。それこそ直接私と会ったことがなかったとしても、本書を読んでくださっている時点で、あなたは既に私とかかわったことにもなります。

たとえば昨日、あなたがかかわった人を思い出してください。何人の人とかかわったでしょうか？「朝起きて家族と会話した」「テレビをつけてニュースに出て来る人やリポーターとも間接的にはかかわった」「通勤途中にお気に入りのアーティストの歌を聞いた」「同じ電車で大声で話す人がいてイライラした」「道で初対面の人とすれ違い様にぶつかった」「同僚3人でランチをした」「隣の部署の人とメールで仕事のやりとりをした」「上司にキツく叱られた」「帰宅中にネットニュースを見た」「SNSを何となく30分間見続けた」「友達からのメッセージに返事をした」など、昨日1日を振り返るだけでも、本当に多くの人と接しているはずです。

SNSが普及したのはここ10年近くの話ですし、現代の人が1日に触れる情報量は、江戸時代を生きた人の1年分に相当するという説もあったりします。それだけ情報に触れることが多くなれば、その分だけ間接的に多くの人とかかわるようになります。今後ますます技術が発達すれば、今よりも多くの人とかかわれるようになる可能性が出て来ます。

人間関係の悩みと正面から向き合う

さて、一生の内に私達がかかわる人数がもはや想像がつかないということは、人間関係の悩みを抱き続けていれば、それだけ多くの人とかかわった瞬間に悩みを抱きやすくなるということです。たとえば、人と自分を比べてしまうことが悩みであれば、かかわった人数分だけ相手と自分との比較が頭の中で始まるわけです。比較しながら一喜一憂しているだけで疲れ果ててしまいますよね。

本書のタイトルにあるように、どんなときでもストレスフリーな人間関係を築けるようになるには、人間関係の悩みと正面から向き合っていくことが大切です。そして、見方を変えれば、直接的か間接的かに関係なく、人間関係は生きている限り続くからこそ、あらゆる場面で自分が理想とする関係性が築けるようになれば、人生の充実度や満足度も上がると言えるのです。

「嫌われないように…」の行く末

「マイナスにならないように」という思考

人間関係の悩みを抱えた人によく見られるのが、「嫌われないように」という意識です。相手に嫌われないようにと考えてしまい、相手の反応を気にしたり、自分の気持ちを飲み込んでしまうのです。「本当は中華が食べたいけど、他の同僚がパスタを食べたいと言ってるし、孤立するのが怖いし、嫌われないようにパスタが食べたいと言っておこう」というように、日常のささいな場面から嫌われることを怖れる気持ちが出て来てしまいます。

私のお客様からも、「嫌われないように意識してしまい、自分の気持ちを押さえてしまう」という相談を受けることはあります。そうしたときに私が必ずと言ってよいほど伝えていることが、「マイナスにならないように」という思考です。

「嫌われないように」というのは「マイナスにならないように」という思考です。「否定されないように」「失敗しないように」「傷つかないように」「怒られないように」「孤独にならないように」といった意識も、マイナスにならないようにという思考が働いています。

マイナスにならないようにと意識をしていれば、自分が怖れる最悪の事態を避けることはできるでしょう。最初から予防線を張りながら人とかかわっているようなものですからね。ですが、最初からマイナスを意識して振る舞っているので、一向にプラスの方向へと進んでいかないのです。

たとえるならば、車を運転するときに最初からブレーキを踏んでいるようなもの。車庫にいる段階からブレーキを踏んでいれば、どれだけアクセルを踏んでも前に進みませんよね？　もちろん、ブレーキを踏んでいれば事故を起こす可能性もゼロなので、最悪の事態を回避することはできます。

しかし、車庫から永遠に出発することもないので、目的地を訪れ楽しい時間を過ごすこともできません。最悪の事態を回避できるものの、最高の状況も訪れないのです。マイナスにならないようにと意識して人間関係を築けば、自分が想像する最悪の事態は訪れないでしょう。

ですが、理想の人間関係を築くこともできません。我慢しながらその場をやり過ごしたり、相手に合わせて自分の気持ちを押さえるようになるかもしれません。あるいは、気疲れをため込んで毎日を楽しめないかもしれません。

マイナスにならないようにと意識し続けていても、自分が心から望む毎日にたどり着かないのは確かなことです。

一方で、人間関係の悩みと向き合い、ブレーキを外すことができれば、あなたが思い描く毎日が実現に向けて動き始めるのも確かです。

私が人間関係の悩みを根本から解決できた背景

ぬいぐるみ心理学で人間関係の悩みを解決する

ここまで人間関係について様々な視点から解説しましたが、何を隠そう私自身も人間関係の悩みを抱き続けていました。付き合う相手を変えても似たような悩みが繰り返される状況が続き、「何とか根本から変わりたい！」と思ったことがキッカケでぬいぐるみ心理学にたどり着き、まずは私自身が実践を繰り返しました。

ただし、今でこそぬいぐるみ心理学は体系化していますが、最初は手探りの中で実践を続けていました。「人間関係の悩みが根本から解決した」「ストレスフリーな人間関係が実現した」と私自身が思えるまでには、5年以上の歳月を要しました。

ですが、それは、方法が体系化していなかったからです。体系化した方法を正しく素直に実践すれば、人によって個人差はあるものの、約3か月あれば悩みが根本から解決へと向かいます。生まれたときから人間関係に悩んでいた人はいません。人間関係の悩みは、後天的に発生したものなので、どのような悩みであっても解決に向かいます。

職場のコミュニケーション、同僚との付合い方、営業での成果の出し方、お客様とのかかわり方、部下のマネジメントや上司とのかかわり方、人前でのプレゼンテーション法、転職活動における自己PR、気になる異性に対する言動、恋愛で一歩が踏み出せないこと、恋人間や夫婦間の悩み、子育てについて、親との関係性、初対面の相手とのコミュニケーション…など、あらゆる分野において人間関係は存在するので、本書でお伝えする内容は役立ちます。

これまでかかわって来た多くのお客様においても、様々な悩みを解決し、人間関係において本当に望む成果を得ることができています。

そして、人間関係の悩みを解決する上でポイントになるのが、「ぬいぐるみ心理学の実践」です。次の章では、ぬいぐるみ心理学について、その全容を明らかにします。

●第１章のポイント

◆私達の悩みのほとんどは人間関係が原因である。
◆ネガティブな感情の多くが人間関係の悩みから生まれる。
◆私達は直接的・間接的に無数の人とかかわっている。
◆ストレスフリーな人間関係を築くには、「マイナスにならないように」という思考を手放す。

第2章

人間関係の悩みを解決する「ぬいぐるみ心理学」の全容

ぬいぐるみ心理学とは何か

さて、ここで1つ質問をしたいことがあります。あなたは、本書を手に取るまでに、ぬいぐるみ心理学という言葉を聞いたことがありましたか？

過去に私とご縁があった方でなければ、おそらく初めて聞いたと思います。私は、２０１４年にぬいぐるみ心理学を開発し、これまで8年間で５０００名以上のお客様に伝えて来ました。日本全国はもちろん、中には海外にもお客様がいたり、性別も年齢も職業も様々です。

そして、ぬいぐるみ心理学という言葉が示すように、「ぬいぐるみ」が鍵になります。具体的な方法は第5章で解説するのですが、ぬいぐるみと意識してかかわることで、悩みを解決したり、願いを実現することができます。

「私はぬいぐるみを持っていないけれど、それでも大丈夫なのでしょうか？」。

もしかしたらこのように思われたかもしれませんが、実は、過去のお客様の約半数は、ぬいぐるみを持っていなかったり、興味関心のない方でした。ぬいぐるみを現在持っているかどうかに関係なく、ぬいぐるみ心理学は誰もが実践することができます。

現に、ぬいぐるみを持っていないお客様も、私がお伝えする視点を踏まえてぬいぐるみを購入し、意識してぬいぐるみとかかわるようになったことで、見るみるうちに変化が生まれています。

ぬいぐるみ心理学誕生の背景

ぬいぐるみを使った仕事がしたい

「そもそもなぜぬいぐるみ心理学を開発したのですか？」——お客様からよく聞かれる質問ですが、実は、私は、幼い頃からぬいぐるみが好きでした。物心がつく頃には、ベッドの周りに多くのぬいぐるみを並べていました。小学校から中学校にかけてがピークで、約50体近くのぬいぐるみがベッドの周りにいました。ぬいぐるみを置いた状態で寝たり、物語をつくってごっこ遊びをしていたのです。大人になってもぬいぐるみ好きは変わらず続き、学生になってからも10体近くのぬいぐるみはベッドの周りにいました。

また、１人暮らしを始めたときも、実家からお気に入りのぬいぐるみをいくつか連れて行ったほどでした。

とはいえ、当時の私は、ぬいぐるみを持っているのが普通のことだと思っていました。しかし、年を重ねるにつれて、男友達からぬいぐるみの話を聞くこともなくなったので、「男でぬいぐるみを持っているのは恥ずかしいのではないか？」と感じるようになりました。実際、友達が家に遊びに来たときは、ベッドの周りのぬいぐるみを押入れに隠していたほどです。

そして、学生の頃、今後の人生を考えたときに、「自分が好きなことを仕事にしたい」と漠然と思うようになりました。そうした中で、自分の好きなことについて思いを巡らせていたときに出て来たのが「ぬいぐるみ」でした。「ぬいぐるみを使った仕事ができれば、きっと自分自身も幸せに働けるだろうな」と考えるようになったのです。

その一方で、「具体的にぬいぐるみをどう仕事にしていけばよいのか？」は、全くわからない状態でした。

「男がぬいぐるみを持っているのは変だ！」というひと言

他の人にはない才能があるかもしれない！

あの日のことは、今でも忘れられません。

学生の頃、仲がよかった友達と食事をしながら、ぬいぐるみが好きなことや将来ぬいぐるみを使った仕事がしたい気持ちを打ち明けました。すると、お酒が入っていたこともあり、「男がぬいぐるみを持っているのは変だよね！」と笑われてしまいました。もちろん、友達に悪意はないですが、私は一瞬ショックを受けました。

しかし、次の瞬間、「変だということは、他の人にはない才能があるかもしれない！」と発想が切り替わったのです。

こうして友達の言葉をキッカケに、ぬいぐるみを使った仕事を実現するために、まずは身近な人

１００人にぬいぐるみとの記憶をインタビューし始めました。

最初は友達を中心に、その友達、そのまた友達へと対象を広げていったので、私と完全に初対面の人と出会うことも多かったです。

具体的には、相手をカフェに呼び出し、世間話をしながら、「そういえばぬいぐるみ持ってる？」と切り出しながら、過去から現在にかけてのエピソードを掘り下げていきました。

正直、相手からすれば意味がわからなかったとは思いますが、１人ひとりに地道に話を聞きながら、ぬいぐるみについての生きた情報を集め続けました。

そして、インタビューを通じてわかったことが、１人の例外もなく、誰もが過去に１度はぬいぐるみとかかわっていたということでした。

同時に、かかわり方を調べる中で、いくつもの共通点や法則性が見えて来ました。性別や年齢が異なるものの、ぬいぐるみへの似たようなかかわり方をしているケースが次々に判明してきたのです。

また、私自身が人間関係の悩みを抱えていたこともありますが、ぬいぐるみとかかわる中で悩みが解決へと向かう感覚は、今までの人生で何度も経験していました。実際インタビューをした際にも、私と同じ感覚を持った方に何人も出くわしました。

「大好きなぬいぐるみと悩んで来た人間関係の解決方法を組み合わせ、多くの人に伝えていきたい」――こうした想いから、ぬいぐるみ心理学が誕生しました。

なぜ人間関係の悩みがぬいぐるみ1つで解決するのか

ぬいぐるみは単なる物ではない

人間関係の悩みがぬいぐるみを使って解決する背景には、大きく2つの事柄があります。

まず紹介するのが、歴史的背景です。歴史を振り返ると、ぬいぐるみは古代から存在したと言われています。もちろん、現代のようにフワフワした素材ではなく、人の形をしたような物体がぬいぐるみのルーツと考えられています。

そして、古代では、ぬいぐるみを宗教儀式や呪術に使っていました。「隣の国の王を殺してやる！」というように、人に呪いをかけるためにぬいぐるみを使用していたのです。そのため、当時は、大人の男性か一部の特殊能力を持っていたとされる女性以外は、神聖なものであるために、ぬいぐるみに触れてはいけなかったのです。

さて、呪いをかける目的でぬいぐるみが使われていたということは、単なる物ではなく生きているように見立てていたと考えられます。魂を持った存在として見立てるからこそ、誰かに呪いをかけようという発想が生まれて来るわけです。

こうした歴史的な背景から見ても、私達人間は、ぬいぐるみを単なる物ではなく、生きているかのように見立ててかかわってしまうと考えられます。

ぬいぐるみには素の自分をさらけ出している

ぬいぐるみは赤ちゃんにとってお母さんのような安心感を感じさせる存在

赤ちゃんは、1歳前後になると、お母さんの元を自ら離れて行動し始めると言われています。ですが、1人で行動するのは不安なので、不安を軽減したり、お母さんのような安心感や愛着を感じようとするために、ぬいぐるみ（またはブランケットや毛布やタオル等）に興味を示すようになります。

このように、幼児が肌身離さず持ち歩いたり、それがないと不安を感じる対象（柔らかくて肌触りがよい対象）のことを、臨床心理学の分野では移行対象と呼んでおり、ぬいぐるみは赤ちゃんにとってお母さんのような安心感を感じさせる存在だと言えます。

突然ですが、赤ちゃんは、お母さんに気を使わないですよね？「今すごく泣きたいけれど、お母さんの機嫌が悪いから泣くのをやめておこう…」とは、赤ちゃんは考えないですよね？

赤ちゃんは、お母さんに対して１００％素の自分をさらけ出しています。泣きたいときに泣き、笑いたいときに笑い、感情表現を思うがままに行っているのです。

そして、お母さんの次に愛着を示す対象がぬいぐるみであり、生きているかのように見立てているからこそ、赤ちゃんは無意識の内にぬいぐるみへほぼ１００％素の自分をさらけ出しています。

大人もぬいぐるみの前では本音をさらけ出してしまう

ここまで歴史的背景と心理学の視点からぬいぐるみについて見て来ましたが、私がこれまで数多くのお客様とかかわる中で判明したのは、大人になってもぬいぐるみの前では無意識の内に素の自分をさらけ出しているということです。まるで生きているかのように見立て、自分の本音をぬいぐるみにさらけ出しているのです。

実際に話しかけている人もいれば、心の中で会話している人もいたり、ぬいぐるみに触れたり一緒に寝たりする人もいますが、様々な形で自分の本音が出ているのです。

そして、この現象は、ぬいぐるみが好きかどうかに限らず誰にでも見られます。そこまでぬいぐるみが好きではなくても、友達や恋人からもらったぬいぐるみを自宅に置き、心を許してかかわることは普通にあるのです。

ぬいぐるみ心理学におけるぬいぐるみの定義

ぬいぐるみとは何なのか

ぬいぐるみ心理学では、「ぬいぐるみ、人形、毛布、ブランケット、抱き枕、クッション」を、広くぬいぐるみと定義しています。これらのうち、どれか1つでも持っていれば、ぬいぐるみ心理学を実践できます。

そもそもぬいぐるみのルーツは人形でしたし、毛布やブランケットも赤ちゃんがお母さんのように愛着を示す対象です。あるいは、抱き枕やクッションは、ぬいぐるみと素材としてはほとんど同じですし、最近ではキャラクターの抱き枕やクッションも売っていますからね。

「現在ぬいぐるみを持っていない」と思っている人でも、ぬいぐるみの定義を踏まえて改めて振り返ると、実は自宅にぬいぐるみが存在することもあります。「子供の頃から捨てられなかった毛布がある」「フィギュアの人形を大事にしている」「ウサギのクッションを職場に持参している」など、過去のお客様も様々なエピソードが出て来ました。

ぬいぐるみとかかわったことがない人はいない

ぬいぐるみのエピソードを振り返る

現在ぬいぐるみを持っているかどうかにかかわらず、ぬいぐるみとかかわったことがない人はいません。そもそも1歳前後にはぬいぐるみに愛着を示しているはずですので、記憶になかったとしても、人生のどこかのタイミングでぬいぐるみとかかわっているのです。「実家のリビングに大きなクマのぬいぐるみが置いてあった」「以前付き合っていた恋人にプレゼントされ、お揃いでぬいぐるみのストラップをつけていた」「ぬいぐるみを使って子供と遊んでいる」など、誰かの影響を受けてぬいぐるみとかかわっていることもあるのです。

ここで1つ、ワークに取り組んでもらいます。「自分の人生におけるぬいぐるみとの記憶」を振り返ってみてください。いつ頃にどのようなキッカケでぬいぐるみを手に入れたのか。ぬいぐるみに名前はつけていたのか。普段はどこに置き、どんな風に遊んでいたのか。もし捨ててしまったのならば、どのようなキッカケで捨ててしまったのかなど、思い出せるエピソードを振り返ってみてください。過去の出来事でも構いませんし、現在持っているぬいぐるみについてでも構いません。

繰り返しますが、人生においてぬいぐるみとかかわったことがない人はいません。先ほど解説したぬいぐるみの定義も踏まえながら、人生におけるぬいぐるみとの記憶を振り返ってみてください。

●あなたの人生におけるぬいぐるみとの記憶を振り返ってください。

ぬいぐるみはあなたの本心をすべて知っている

ぬいぐるみの前では素の自分が出てしまう

さて、ぬいぐるみとの記憶は振り返れたでしょうか？　本書の内容を実践する上でも、まずはエピソードを振り返ってみてください。

そして、私は、先ほど、「人間関係の悩みがぬいぐるみ1つで解決する」とお伝えしました。ぬいぐるみの前では無意識の内に自分の本心が出てしまうからこそ、悩みの解決や願いの実現に非常に効果があるのです。

私達は、大人になるにつれて、人目を気にするようになります。発達心理学においては、小学校低学年頃から相手の気持ちを考えた言動が取れるようになり、周囲との協調性を育む力が身につくと言われています。ですが、見方を変えれば、この時期から、私達人間は人目を気にし始めるとも言えます。確かに協調性は大切ですが、意識し過ぎれば自分の気持ちを押さえ込み、周囲に同調してしまうことにもつながります。

一方で、ぬいぐるみに気を使う人はいませんよね？　ぬいぐるみは、私達に意見も言わなければ、批判もせず、自分にとって完全に思いどおりになる存在です。だからこそ、私達は、ぬいぐるみの前でほぼ１００％素の自分をさらけ出してしまうのです。悩みを吐き出したり、家族や友達や同僚には言えないことをさらけ出したり、何を願っているのかを伝えたりしています。

ぬいぐるみとかかわる中で、悩みの本質に気づいたり、解決するためのヒントを得られることもあります。また、ぬいぐるみとかかわる中で、自分の本心に気づけたり、願いを実現するポイントが判明することもあります。

具体的な方法は第5章で紹介するのですが、ぬいぐるみは、あなた以上にあなたの本心を知っています。ぬいぐるみと意識してかかわる中で、自分の本心に気づき、人間関係の悩みを解決できるようになります。

アナ雪の大ヒットから見えて来る、私達が心の奥底で求めているもの

ありのままの自分で生きたい

2014年に、日本で映画「アナと雪の女王」が公開されました。ご存知のとおり、空前の大ヒットとなりましたし、その劇中歌の「Let It Go」は、何年たっても歌い継がれる名曲となりました。

事実、テレビ番組の街頭インタビューでは、「ありの〜ままの〜」と曲の一部を歌っている人が、老若男女を問わず頻繁に紹介されていました。

アナ雪がヒットした理由はいくつもあるでしょうが、「ありのままの」という言葉に多くの人が

共感したということは確かでしょう。「ありのままの自分で生きたい」「もっと自分らしく生きたい」という気持ちがあったからこそ、「Ｌｅｔ Ｉｔ Ｇｏ」を多くの人が口ずさむ現象も起こったと言えます。

確かに、仕事でも、プライベートでも、あらゆる場面でありのままの自分で生きることができたら幸せですよね。

その一方で、アナ雪の大ヒットをキッカケに、実際にありのままの自分で生きることができている人がどれくらい増えたのかはわかりません。人数を測定する方法はないですが、「ありのままの自分で生きたい」と願いながらも、「ありのままの自分で生きれない」という壁にぶつかってしまった人も一定数いると考えられますし、そもそも「ありのままの自分が何だかわからない」という人もいるでしょう。

「ありの～ままの～」と歌いながらも、日常生活ではありのままの自分で生きることができていないという悲しい現象が起こっているのです。

ぬいぐるみと意識してかかわればありのままの自分で…

私達の多くが、自分らしく人生を送りたいという願いを多少なりとも持っています。しかし人間関係の悩みを抱いていると、自分らしさを押さえ込んでしまうようになります。自分らしさを出すよりも先に、友達や上司や同僚や恋人や親や初対面の相手や世間体を気にしてしまうのです。

その一方で、私達は、ぬいぐるみに対しては気を使わず、ほぼ１００％素の自分をさらけ出しています。つまり、ぬいぐるみの前では自分らしさが勝手に出てしまいますし、ありのままの自分の状態でいられるわけです。

ぬいぐるみと意識してかかわればかかわるほど、「自分らしい状態」や「ありのままの自分」とは何なのかが、感覚的に理解できるようになるのです。ありのままの自分で生きる上でも、ぬいぐるみとかかわることが効果を発揮すると言えます。

大人がぬいぐるみを持つことへの３つの誤解

ここまで、ぬいぐるみ心理学におけるぬいぐるみの役割について解説しました。

ぬいぐるみは、ストレスフリーな人間関係を築く上で、非常に重要な存在です。ところが、大人がぬいぐるみとかかわることに対して、大きな誤解を抱いている人もいます。実際、私も、ぬいぐるみ心理学を多くのお客様に提供する中で、「大人がぬいぐるみを持つなんて…」と疑惑の目を向けられたこともありました。

このように誤解を抱いた状態が続いてしまうと、ぬいぐるみとかかわることに抵抗が生まれたり、悩みの解決にもつながりません。

そこで、ここでは、大人がぬいぐるみを持つことへの誤解を、３つに分けて説明します。

誤解①　ぬいぐるみは子供が持つものだ

この誤解は、非常に多くの人が持っています。「子供が使うものだから、大人がぬいぐるみを持つのは変ではないか…」と思っているのです。ですが、先ほど解説したように、本来、ぬいぐるみは大人しか触れてはいけないものでした。歴史的な背景をたどれば、ぬいぐるみを大人が持っているのは、むしろ普通のことだと言えます。

また、最近では、ぬいぐるみ好きを公言する有名人もいます。たとえば、フィギュアスケートの羽生結弦選手は、プーさんのぬいぐるみが大好きで、演技の採点結果を待っているときにも隣にプーさんのぬいぐるみがいるほどです。演技終了後にプーさんのぬいぐるみが観客席から大量にスケートリンクへ投げ込まれる様子を見たことがあるかもしれません。

ちなみに、一般社団法人日本玩具協会が２０１９年６月に公開した玩具市場規模データによると、玩具の中でもぬいぐるみの市場規模は２０１６年度から２０１８年度まで３年度連続で拡大しています。

具体的には、２０１６年度：２３４億１，１００万円、２０１７年度：２４９億９，９００万円、２０１８年度：２６２億６，９００万円となっています（図表３参照）。

少子化が進んでいるので、ぬいぐるみを子供しか買わないのであれば、市場規模は減少しているはずです。大人もぬいぐるみを購入しているからこそ市場規模も拡大しており、決してぬいぐるみは子供だけが持つものではないと言えます。

【図表3　国内のぬいぐるみの市場規模】

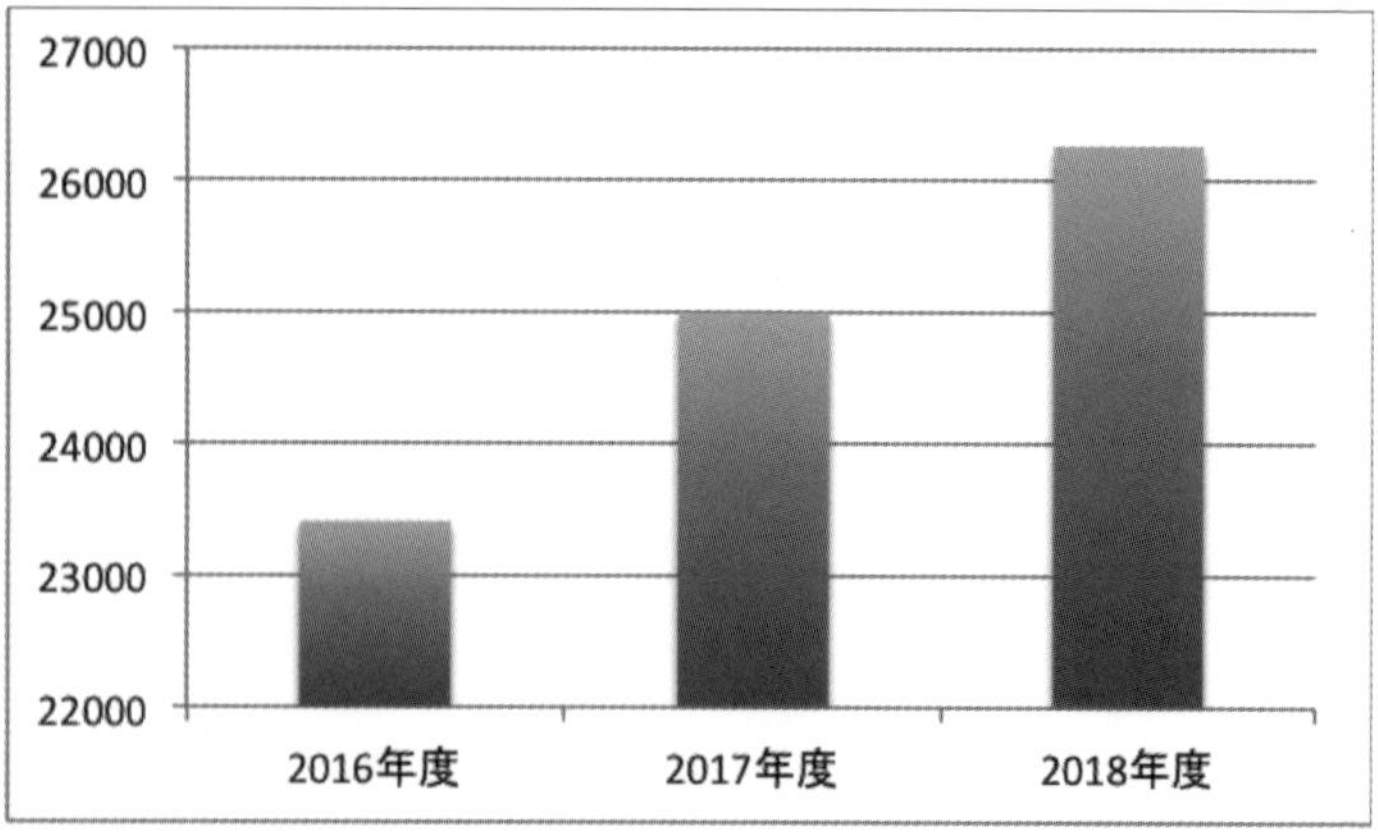

出所：玩具市場規模データ（一般社団法人　日本玩具協会、2019年）

誤解②　ぬいぐるみはおもちゃだ

確かに、ぬいぐるみはおもちゃですが、その用途はおもちゃだけに限定されません。それこそ以前はおもちゃ売り場でしか見かけなかったぬいぐるみも、今では雑貨屋や服屋など様々なお店で売られるようになりましたし、インテリアの一部としてぬいぐるみを活用している人もいます。

子供が行かないようなセレクトショップでぬいぐるみが売られているのを見ると、もはやターゲットは大人ですよね。また、ぬいぐるみのストラップを鍵やバッグにつけたりと、単におもちゃの枠を越えて使われています。

ちなみに、近年では、観光名所や街中でぬいぐるみを撮影する「ぬい撮り」が流行し、メディアでも取り上げられています。インスタグラムで「#ぬい撮り」と検索すると、２０１９年の時点で１００万件以上の投稿が存在しています。ぬいぐるみを生きているかのように見立てているからこそ、ぬいぐるみと風景を組み合わせて写真を撮り楽しんでいるとも考えられます。

誤解③　ぬいぐるみを持っている人は自立できていない

そして、意外と多いのがこの誤解。ぬいぐるみを持っている人は精神的に自立できていないのではないかというものです。第5章で詳しくお伝えしていますが、ぬいぐるみの世界で完結してしまい、日常で同じ悩みを繰り返し続けている状況は危険ですが、基本的にはぬいぐるみを持っていることと精神的な自立は関係ないと私は考えています。

それこそぬいぐるみに限らず、お酒やお菓子や異性との交友関係にハマってしまい、日常で同じ悩みを繰り返してしまう人もいます。ぬいぐるみを持っているかどうかに限らず、精神的に自立できていないときは特定の対象物を取り過ぎてしまう傾向があるとも言えます。結局のところ、ぬいぐるみを持っていること自体によし悪しはないのです。

ぬいぐるみを好きにならなくてよい

あくまで人間関係の悩みを解決する手段

ここまでぬいぐるみ心理学の全容について述べて来ました。詳しい実践方法は、本書の後半で解説しますが、私がお客様に必ずお伝えしているのが、「ぬいぐるみを好きにならなくてよい」ということです。私自身は、ぬいぐるみが好きですが、お客様の約半数はぬいぐるみが好きではなかったり、そもそも興味関心がありませんでした。

あくまで人間関係の悩みを解決する手段として、ぬいぐるみと意識してかかわればよいですし、そのために非常に効果的な存在がぬいぐるみだと言えます。

ぬいぐるみを通して悩みを解決し、本当に望む毎日を手に入れることができれば、私としてもこれ以上に嬉しいことはないのです。

第3章では、人間関係の悩みの根本原因を解説します。悩みを解決するためにも、そして、よりよい人間関係を手に入れるためにも、原因を明確に知ることは非常に重要です。実は、あらゆる人間関係の悩みの原因は、共通しているのです。

●第２章のポイント

◆好きかどうかにかかわらず、私達はぬいぐるみの前でほぼ１００％素の自分をさらけ出している。
◆ぬいぐるみは自分以上に自分の本心を知っている。
◆ぬいぐるみとかかわることで「ありのままの自分」で生きることができる。
◆ぬいぐるみとかかわったことがない人はいない。
◆人間関係の悩みを解決する手段として、ぬいぐるみと意識してかかわる。

第3章　人間関係の悩みの根本原因

現在の人間関係の満足度を計測する3ステップワーク

【図表4　理想の人間関係の満足度を計測する3ステップワーク】

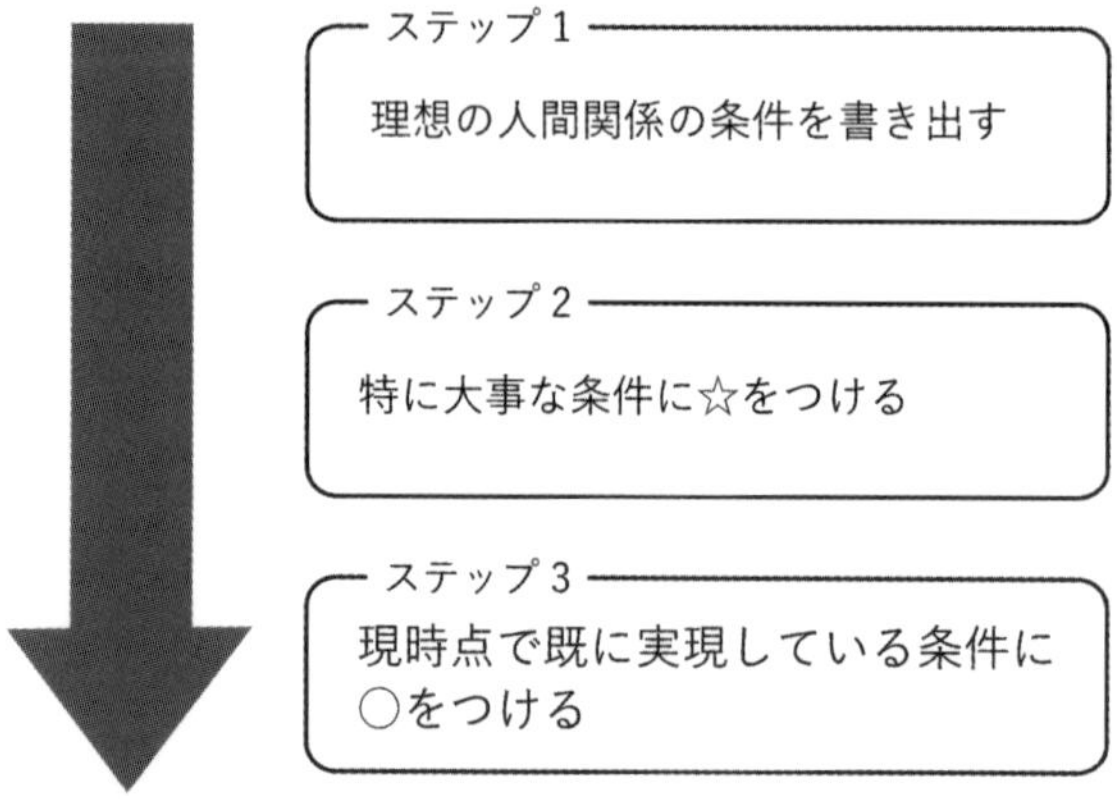
ステップ1
理想の人間関係の条件を書き出す
ステップ2
特に大事な条件に☆をつける
ステップ3
現時点で既に実現している条件に○をつける

本章では、ストレスフリーな人間関係を目指す上で、そもそも人間関係の悩みの根本原因が何なのかを取り上げます。そして、その前に、あなたの現在の人間関係の満足度を3つの質問に答えながら分析したいと思います。

お手元に紙を1枚用意して、これから紹介する3ステップワーク（図表4参照）に取り組んでみてください。

ステップ①：理想の人間関係の条件を書き出す

最初のステップは、理想の人間関係の条件を書き出すことです。仕事、夫婦関係など、特定の場面での人間関係に限定して書き出しても構いませんし、人間関係全般において書き出しても構いません。

あなたが理想とする人間関係の条件を、可能な限り書き出してください。ここでのポイントは、量を書き出すことです。

最低でも10個は条件を書き出してみてください。

書き出す上では、どのような条件が出て来てもよいです。第1章でもお伝えしたように、すべての悩みは人間関係が背景にあります。

たとえば、「残業せずに定時で帰れるようになる」というのも、人間関係の悩みが解決すれば実現できるので、理想の人間関係の条件に加えてもよいです。

それこそ周囲から頼まれて必要以上に仕事を引き受けてしまったり、周囲が仕事をしている中で罪悪感を抱いてしまい、何もすることがないのに残業してしまうことがあるとすれば、それは人間関係の悩みが原因であると言えます。

ちなみに、私のほうで条件の例をいくつか書き出してみましたので、必要に応じて参考にしてください。

・食事や飲み会など、断りたい誘いを断ることができる。
・相手から理不尽に考えを押し付けられることがない。
・理想のお客様だけに囲まれて仕事ができている。
・会議や集団でいるときに、自分の意見をためらわずに伝えられる。
・親友と呼べる友達が３人以上いる。
・話し合いながらお互いが納得した状態で家事育児を分担できている。

・頼りたいときに相手の顔色を気にせずに頼ることができる。
・特定の相手に苦手意識を持ち続けることなくかかわれている。
・仕事の人間関係の悩みをプライベートにまで引きずらずに過ごせている。
・自分に自信を持って人とかかわれている。

ステップ②：特に大事な条件に☆をつける

ステップ①で書き出した条件の中で、「これは外せない」「優先順位が高い」といった特に大事な条件を選んでください。そして、特に大事な条件に対して、☆のマークをつけてください。ちなみに、特に大事な条件はいくつ選んでも大丈夫です。1つでなければならないことはないので、遠慮なく複数を選んでみてください。

先ほど私が書き出した条件を例に、☆を書き加えてみます。

☆・食事や飲み会など、断りたい誘いを断ることができる。
☆・相手から理不尽に考えを押し付けられることがない。
・理想のお客様だけに囲まれて仕事ができている。
・会議や集団でいるときに、自分の意見をためらわずに伝えられる。
・親友と呼べる友達が3人以上いる。
・話し合いながらお互いが納得した状態で家事育児を分担できている。

・頼りたいときに相手の顔色を気にせずに頼ることができる。
☆・特定の相手に苦手意識を持ち続けることなくかかわれている。
☆・仕事の人間関係の悩みをプライベートにまで引きずらずに過ごせている。
・自分に自信を持って人とかかわれている。
理想の人間関係の条件を10個書き出した中で、４個が特に大事な条件ということになります。

ステップ③：現時点で既に実現している条件に○をつける

最後のステップは、現時点で既に実現している条件に対して○のマークをつけることです。理想の人間関係の条件の中で、現在既に満たされていると感じるものに○をつけていきましょう。
先ほど私が書き出した条件を例に、○を書き加えてみます。
○☆・食事や飲み会など、断りたい誘いを断ることができる。
☆・相手から理不尽に考えを押し付けられることがない。
・理想のお客様だけに囲まれて仕事ができている。
・会議や集団でいるときに、自分の意見をためらわずに伝えられる。
○・親友と呼べる友達が３人以上いる。
○・話し合いながらお互いが納得した状態で家事育児を分担できている。
・頼りたいときに相手の顔色を気にせずに頼ることができる。

☆・特定の相手に苦手意識を持ち続けることなくかかわれている。
☆・仕事の人間関係の悩みをプライベートにまで引きずらずに過ごせている。
・自分に自信を持って人とかかわれている。
理想の人間関係の条件を10個書き出した中で、3個が現時点で既に実現している条件ということになります。

あなたの人間関係の満足度は何点か

現在の人間関係の満足度を計測する公式

ここまでの3ステップワークに取り組むことで、あなたの人間関係の現状が明確になりました。このワークで大事なのは、実はステップ②と③です。

「特に大事にしている条件」の中で、「現時点で既に実現している条件」の個数を数えてください（☆と○の両方がついている条件の個数を数えてください）。その上で、特に大事にしている条件のうち何個が、現時点で既に満たせているかを見ていきます。

たとえば、私が挙げた具体例の場合、☆（特に大事にしている条件）は4個であり、☆と○（現時点で既に実現している条件）が両方ついているものは1個になります。

○☆・食事や飲み会など、断りたい誘いを断ることができる。

☆・相手から理不尽に考えを押し付けられることがない。
☆・特定の相手に苦手意識を持ち続けることなくかかわれている。
☆・仕事の人間関係の悩みをプライベートにまで引きずらずに過ごせている。

●公式に当てはめた結果をどのように活用するか

「☆と○が両方ついている条件の数÷☆のついている条件の数」

これが現在の人間関係の満足度を計測する公式です。

私が挙げた具体例を公式に当てはめると、「☆と○が両方ついている数（1個）÷☆の数（4個）」となります。この計算結果を％で表すと「25％」となります。つまり、現在の人間関係の満足度は、25％（25点）ということです。

早速、先ほど取り組んだ3ステップワークの内容を踏まえ、現在の人間関係の満足度を公式に当てはめて計算してみてください。「人間関係に悩んでいる」と漠然と思っているだけでなく、具体的に何に満足していないのかが明確になり、現状を数値化して分析できます。

確かに、理想の条件がすべて満たされていれば幸せですが、特に大事にしている条件を満たすことが最優先です。

裏を返せば、理想の条件が数多く満たされているものの、特に大事にしている条件が現時点で1個も満たされていなければ、人間関係の満足度は低いと言えるのです。

もし、結果が100点満点だったという場合は、☆も○もついていない理想の条件を実現するために、具体的な行動に移していきましょう。さらに理想の人間関係を築くことができます。

すべての人間関係の悩みの原因は自信のなさ

自信のないときは周りを気にしている

3ステップワークをもとに、現在の人間関係の満足度を振り返っていただきました。具体的にどの部分に人間関係の悩みを抱いているのかが見えて来たかもしれません。そして、あなたがどのような悩みを抱いていたとしても、悩みの根本原因はすべて共通しているのです。

私は、ぬいぐるみ心理学において、人間関係の悩みの根本原因は「自信のなさ」であると解説しています。あなたがどのような悩みを抱えていても、自信のなさが原因だと言えます。

想像してみてください。もし、自分に自信があれば、人間関係の悩みを抱き続けることはないでしょう。言いたいときに自分の意見が言え、聞きたいことが聞け、振る舞いたいように振る舞えるはずです。相手の反応を気にし続けることもないでしょう。たとえ人間関係の悩みを抱いてしまうことがあっても、すぐに手放していけるようになるでしょう。

一方で、自分に自信が持てていなければ、相手の反応を気にして言いたいことが言えなかったり、自分の気持ちを飲み込んでしまうこともあります。相手からどう思われるかを気にして悩み続けたり、特定の人に対する苦手意識を持ち続けることもあるでしょう。何日も悩みを引きずってしまったり、仕事の悩みをプライベートに持ち込んでしまうことも増えて来ます。

そして、本人に自覚があるかどうかにかかわらず、自分に自信がないときは周りの目を気にしています。自分よりも周りのことを気にするようになってしまい、次第に自信が持てなくなってしまうのです。「この意見を言ったらどう思われるかな？」「嫌われたらどうしよう？」「怒らせたらどうしよう？」「変な風に思われたらどうしよう？」など、周りを気にする言葉ばかりが頭の中に浮かぶようになるのです。

やりたいことがわからない人の共通点

周りの反応を気にするほどやりたいことがわからなくなる

そして、周りを気にすればするほど、自分で自分の気持ちがわからなくなります。周りに合わせて振る舞ったり、自分の気持ちを押さえるうちに、次第に自分の気持ちがわからなくなるのです。「やりたいことがわからない」「自分の気持ちがわからない」「何を感じているのかわからない」という声を聞くことがありますが、これらは周りを気にし続けた結果、自分で自分のことがわからなくなってしまった状態だと言えます。

夢や目標はもちろんのこと、どれだけ探し続けてもやりたいことが見つからない人は、周りの目を気にして生き続けてしまったため、自分に自信が持ちきれず、やりたいことがわからなくなってしまった状態だと言えます。ですが、見方を変えれば、周りを気にせずに生きられるようになれば、今まで悩んでいたのがウソのように、やりたいことや夢や目標が見つかるようになります。

過去の私も周りからどう思われるのかを気にして、自分に自信が持てませんでした。「いい子を演じる」という言葉がありますが、過去の私は周りから嫌われないようにと意識を向け続け、いい子を演じ続けていました。自分の気持ちを押さえて周りに合わせることが習慣になってしまい、次第に自分で自分の気持ちがわからなくなりました。「伊庭君の考えていることがわからない」と周囲から言われることもありましたが、何を隠そう自分でも自分の考えがわかっていなかったのです。

今になって思えば、「いい子」「悪い子」とは相手が判断するもの。世の中のすべての人にとっていい人なんて1人もいないのです。いい子を演じている時点で、周りの反応を気にし続けていたわけです。その意味では、いい子とは「本心がわからない子」と言い換えることもできます。

日本人は自己肯定感が低いのか

2014年に内閣府が発表した「平成26年版子ども・若者白書」の中で、若者が自分自身をどう捉えているのかについての調査結果が、諸外国（韓国、アメリカ、イギリス、ドイツ、フランス、スウェーデン）の若者の結果と比較しながらまとめられています（平成25年11月から12月にかけ、満13歳から満29歳までの男女を対象に実施)。

調査の中で、内閣府は、若者の自己認識において次のような結論をまとめています。

「日本の若者は、諸外国と比べて、自己を肯定的に捉えている者の割合が低く、自分に誇りを持っている者の割合も低い」。

「日本の若者のうち、自分自身に満足している者の割合は5割弱、自分には長所があると思っている者の割合は7割弱で、いずれも諸外国と比べて日本が最も低い」。

これは、２０１４年に公開された結果ですが、２０１９年に公開された白書の中でも同様の調査が行われ、２０１４年とほぼ同様の結果が出ています。自己肯定感が低い認識を持っていれば、そんな自分に自信を持てることもないでしょう。

ちなみに、この調査は満29歳までの若者に対象を限定していますが、30歳を迎えた瞬間に自己肯定感が高まり、自分に自信が持てるようになるとは、どう考えても思えません。これは、決して30歳に限らず、40歳、50歳と年を重ねても、自己肯定感が低いままの状態であることが考えられます。

「私、自信あります！」は危険

自信あり気な振舞いの裏に隠された心理

「私は自分に自信があるから大丈夫です！」。

すべての人間関係の悩みの原因が自信のなさだとお伝えすると、このように反応する人も中にはいます。ですが、自信のなさは誰にでも存在するものであり、自信のなさが一切ない人は1人としていません。それこそ自分の自信のなさを周囲に気づかれないように、自信あり気に振る舞っている人も多いのです。

たとえば、会社では、明るく元気でリーダーシップがあり、誰からも自信満々に思われている人がいたとします。ですが、誰も見ていないところでは、不安やプレッシャーに押しつぶされそうになっているかもしれません。お酒や食べ物でストレス発散をしたり、休みの日はやる気が起きず1日中寝て過ごしているかもしれません。

無理して自信あり気に振る舞った結果、心身に不調が出てしまうケースもあります。あるいは、仕事を終えて帰宅すると、張りつめていた糸がピンと切れたように、家族にキツく当たってしまう人もいるでしょう。あなたの前では自信がありそうに振る舞っている人も、実は裏では自信のなさに直面している可能性があるのです。

「私、自信あります！」と言いながら悩みを放置してしまうのは、実は一番危険だとも言えます。その場をやり過ごすことはできますが、ため込んだストレスがどこかで大爆発を起こしてしまうことがあるのです。

私達の誰もが自信のなさを持っています。そして、自信のなさをどのように表現しているのかが、人によって違うだけなのです。

ある人は、周りに合わせて自分の気持ちを押さえ続け、ある人は、無理して明るく振る舞って自信のなさを見せないようにします。別のある人は、「どうせ自分なんて…」と、自分で自分を責めるかもしれませんし、ある人は怒りっぽくなることもあります。あるいは、自分の境遇を嘆き悲しむ人もいるかもしれません。

さらに、別のある人は、黙り込んで何も言わずにその場をやり過ごそうとするかもしれませんし、ある人は、話す声が小さくなってしまうかもしれません。このように、人によって現れ方が違うだけで誰もが自信のなさを持っているのです。

「病気の原因は不明です」と病院で言われたらどうするか

自信のなさが原因だとわかっているから対策に取り組める

ここまでの話を受けて、「私は自信がないのか…」と落ち込んでしまう人も時々います。「自信がない」と聞くと、どこかマイナスな印象を持ってしまうかもしれませんからね。ですが、自信のなさとは、決して悪いものでもマイナスなものでもありません。

ここで質問をしたいと思います。あなたは、急に高熱が出てしまい、病院に向かいました。お医者さんが診察結果を伝えてくれるのですが、どちらの診察結果を聞かされたら安心しますか？

Ａ：「あなたの高熱の原因は不明です」。

B：「あなたの高熱の原因はインフルエンザウイルスです」。

どう考えても、「B」のほうが安心しますよね。原因がインフルエンザウイルスだと判明すれば、明確な対策が取れます。ウイルスに効果的な薬を処方してもらえたり、しばらくは外出を控えて周囲への二次感染を防ぐこともできます。

一方で、Aのように原因がわからなければ、対策が取れないのです。間違った薬を飲んで症状が悪化してしまうかもしれませんし、外出して職場や近所に二次感染を引き起こしてしまうこともあります。

「人間関係の悩みの原因が自信のなさ」というのは、悩みの原因が明確になった状態です。自信のなさが原因だとわかっているからこそ、具体的な対策を取り悩みを解決できるのです。

もし、自信のなさが原因だとわかっていなければ、どんな対策を取ればよいのかもわからず時間だけが過ぎてしまい、同じ悩みを繰り返し続けてしまうのです。

「自信は持つもの」ではない

外側の対象から自信を持とうとする

ここで1つ、自信について重大な事実をお伝えします。多くの人が自信を持とうと思って様々な行動を起こしていますが、そもそも「自信は持つもの」ではありません。自信を持とうとすればずるほど自信のある状態には一向にたどり着かないのです。具体的には、ぬいぐるみ心理学では、自信を持つとは、「外側の対象があれば自信を手に入れられる」と感じている状態だと定義しています。

いくつか例を紹介します。たとえば、「資格を取得すれば自信が持てる」というのも、資格という自分の外側の対象があれば自信が手に入る状態です。あるいは「年収1，０００万円以上稼いでいたら自信が持てる」というのも、年収という外側の対象によって自信を持とうとしているわけです。

あるいは、役職があれば自信が持てるというのもそうです。「部長になれば」「管理職になれば」「昇進すれば」「リーダーになれば」というように、立場や肩書きを通して自信を得ようとする行為です。「安定した仕事に就いていれば自信が持てる」というのもそうですね。「この職業（会社）は安定しているから」という言葉を周りから聞いたことが1度はあるかもしれませんが、これも外側の対象を通して自信を手に入れようとしています。

そして、恋愛や夫婦関係や子育て、友達関係においても、外側の対象から自信を持とうとする行為は見られます。たとえば、「カッコいい（かわいい）恋人がいれば自信が持てる」というのもそうですし、「好きだよ、と相手が言ってくれれば自信が持てる」というのもそうです。

この場合は、自信というよりも、愛情や安心感という言葉のほうが適切かもしれませんが、それでも自分以外の外側の対象から手に入れようとしている意味では同じです。

「結婚すれば自信が持てる」というのもそうですし、「子供が有名大学に進学してくれたら」というように、子供が自分の思いどおりに育てば自信が持てるというケースもあるでしょう。あるいは、友達関係で当てはめれば、「友達がいれば」「親友がいれば」というような場合もあります。

いつまでも自信のある状態にたどり着かない

自分以外の外側の対象から自信を持とうとするのは、実は、非常に不安定な人生を送ってしまうことになります。外側の対象の変化によって自信の有無が左右されてしまうからです。

先ほど紹介した例について、改めて考えてみましょう。

資格を取得したものの周りから評価されなかったり、より上位の資格を持っている人が目の前に現れたら自信をなくしてしまうかもしれません。

年収においても、個人や会社の状況によって下がることだってあります。

役職が上がっても、周囲からは評価されていないこともあります。「あの人は課長になったけど、すぐ感情的になるし信用できないよね」と裏で部下に思われているかもしれません。

安定した仕事だと思っていても、社会情勢によって変わる可能性もあれば、リストラされる可能性だってありますし、会社が不祥事を起こせば大々的にニュースになり、周囲から怪しい目で見られてしまうかもしれません。

恋愛や夫婦関係や子育て等においても、外側の対象から自信を持とうとする行為は、非常に不安定なものだと言えます。「カッコいい（かわいい）」と思っていても、年を重ねるうちに外見は変わる可能性があります。「好きだよ、と相手が言ってくれれば自信が持てる」というのも、毎日のように「ねぇ、私のこと好き?」「何で好きって言ってくれないの?」と求め続ければ、相手も疲れ果ててしまい関係がギクシャクするでしょう。結婚すれば自信が持てたとしても、離婚する可能性だってあります。子供が自分の思いどおりに育てば自信が持てるというケースでも、子供が自分の言うことを聞かないとイライラしてしまい、結果的に険悪な状態になることもありますし、子供が親との関係で生じたトラウマを引きずって大人になることもあるでしょう。

自分の外側から自信を持とうとする限り、外側の対象に自信の有無が左右され続けてしまいます。これは非常に不安定な状態ですし、本当の意味で自信のある状態にはたどり着けないのです。

「何その服、ダサいね!」と言われた結果

外側の対象から自信を持とうとした私の末路

と言いつつ、実は、過去の私も外側の対象から自信を持とうとしていました。大学入学直後、「女の子にモテたいな」と思っていた私は、原宿で全身の服をコーディネートしてもらいました。必死でアルバイトをして貯めた5万円すべてを服に注ぎ込み、「オシャレをすればモテる!」と思い込んでいました。「オシャレをすればモテる」というのは、まさに外側から自信を持とうとする行為ですよね。

そして、服を新調した翌日の大学。何食わぬ顔で教室に入り、「どんな反応があるかな？」とソワソワしながら過ごしていたところ、出会った人に5人続けて同じ言葉をかけられました。

「何その服、ダサいね！」。

あまりに予想外の反応で、どんな返答をしたのか覚えていません。そして、衝撃を受けた結果、5万円かけて全身をコーディネートした服は、その日限りですべて処分しました。

もし、私が、本当に着たくて服を選んでいたら、「ダサいね」とどれだけ言われても着続けていたでしょう。「オシャレだね」と思ってくれる人が1人はいたかもしれません。ですが、私は、服装を通して外側から自信を持とうとしていたので、「ダサいね」という周りからの評価を聞いて動揺し、服を処分してしまいました。結果として、5万円という費用と服選びにかけた時間が無駄になってしまいました。

どれだけ知識や情報が増えても結果が出ない理由

自信のなさと向き合わなければ望む成果を出せない

あらゆる分野において、自信を外側から持とうとし続けていても、自分が求める結果は出ません。人間関係の悩みの根本原因である自信のなさと向き合うことをしなければ、知識や情報は増えるかもしれませんが、同じような壁にぶつかり挫折し続けてしまうのです。

「営業成績を上げたくて本を読んだり研修に参加したのに結果が出ない」。

「部下をマネジメントするための知識を学んだのに、信頼が得られていないように感じる」。

「起業するためにビジネスに関する講演会に数多く参加しているのに、一向に成果が出ない」。

「結婚したくて婚活イベントに参加しているのに、なかなか結果につながらない」。

「もう何年も子育てに関する本を読み続けているのに、悩みが解決していない」。

こうした相談はよく受けますが、このような場合、確かに行動すればするほど知識や情報は得られるでしょう。ですが、もし、自分の自信のなさと向き合えていなければ、時間やお金ばかりかかる一方で、肝心の成果につながらないことも多いのです。

自信のなさから知識や情報を追い求めると結果は出ない

以前、次のようなお客様と会ったことがあります。その方は、ヨガのインストラクターをしており、「なかなか自分の仕事につながらない」という悩みを抱えていました。その方の経歴を聞くと、ヨガに関する知識や情報も豊富に学んでおり、インストラクターの資格も複数取得されていました。

「これだけ学んで来られたなら、もう十分仕事になってもよいですよね？」と聞いところ、その方の自信のなさが垣間見える言葉が次々に出て来ました。

「他にすごいインストラクターの人がいて、私の経歴ではまだ十分ではないと思うので…」。

「もっと学ばないと、お客様に自信を持って提供してはいけないと思うから…」。

「お客様の反応が気になって価格を下げてしまうこともあって…」。

つまり、自分の自信のなさが影響して、仕事につながらない状況をつくり出していたのです。「もっと学べば自分に自信が持てる」と思い、ひたすら知識や情報を学んだり、資格を取得しても、同業者と自分を比べてしまったり、お客様の反応を気にしていれば、同じ悩みを繰り返してしまうのです。

自信のなさと向き合う方法については第4章と第5章で解説しますが、自分に自信が持てるようになれば、必要以上に知識や情報を得なくても、自分が望む結果を出すことはできます。「行動しているのに結果が出ない…」という虚しさを感じることもなく、より早く悩みを解決し、自分が望む成果を出せるようになります。

正しい承認欲求の満たし方

承認欲求は2種類に分けられる

ＳＮＳの普及とともに流行した言葉の1つに「承認欲求」があります。「自分で自分のことを認めたり、他者から認められたい欲求」のことを承認欲求といいます。アメリカの心理学者マズローが提唱した欲求の5段階説は非常に有名ですが、その中の1つにも承認欲求は含まれています。承認欲求は、誰もが持っており、絶えず満たしたいと感じているものです。

そして、意外と見落としている人が多いのですが、私は、承認欲求は2種類に分けられると考えています。それは、「自己承認」と「他者承認」です。

自己承認とは、「自分で自分を認めたり評価できる状態」であり、他者承認とは「他者から認められたり評価されたいと思う状態」のことです。どちらがよい悪いはありませんが、人間関係の悩みを抱え続ける人は、ほぼ１００％他者承認を求め続けてしまうのです。「上司から評価されたら嬉しい」「恋人から好きだと言ってもらえたら幸せ」「すごいね、と友達から言ってもらえたら満たされる」というように、他者から認められることで自分を満たそうとしてしまうほど、人間関係の悩みも深まっていくのです。

先ほど、「自信を持つこと」について解説しましたが、他者承認とは外側から自信を持つ行為だと言い換えられます。認めてくれるかどうかは相手次第であり、自分ではコントロールできません。昨日と同じように振る舞っても、昨日は褒めてくれたのに翌日は褒めてくれなかったということは普通にあります。

また、自分を評価してくれていた上司が異動になれば、これまでと同じように仕事をしても新たな上司には評価されないこともあります。その日の気分や付き合う相手が変わることで、他者承認を得られるかどうかは大きな影響を受けてしまうのです。

「まず自分、次に相手」の順番

とはいえ、承認欲求を一切なくすことはできません。人間関係の悩みを解決し、理想的な形で承認欲求を満たすためには、まず自己承認に意識を向けることが重要です。周りがどんな反応をしても関係なく、自分で自分を認めたり評価できるようになることです。自分で自分を認めるかどうかは、自分の意思でいくらでもコントロールできます。他者の言動によって左右されることもないので、いつでも自分を満たすことができます。

もちろん、他者承認を求めてはいけないとは思っていませんし、周りから認められれば嬉しいです。正しい承認欲求の満たし方は、「まず自分、次に相手」の順番です。まずは自分で自分を認めながら、結果的に周りからも認められたら嬉しい、くらいの気持ちで過ごせれば幸せな毎日を送れます。

人間関係の悩みを解決した人が持っている「自信に対する正しい認識」

自分の内側から自信を生み出す

ここまで「自信は持つものではない」とお伝えしましたが、では具体的にどうすれば自信のある状態にたどり着けるのでしょうか？　実は、人間関係の悩みを解決した人は、共通して自信に対する正しい認識を持っています。

その認識とは、「自信は生み出すもの」。外側の対象から自信を持つのとは違い、自信を生み出すとは、自分の内側から自信が湧き上がって来るようなイメージです。外側の対象がどのような状態でも、自分自身で自信のある状態をつくり出せるわけです。

先ほどの例に当てはめて、自信を持つことと自信を生み出すことの違いを解説します。

たとえば、資格を取得することですが、資格を取得してもしなくても、自分が自信のある状態でいられます。年収が増減しても自信のある状態は続きますし、役職があってもなくても自信のある状態で過ごせるようになります。安定した仕事に就いていてもいなくても、自信のある状態でいられます。

そして、恋愛や夫婦関係や子育て、友達関係においても、自信を生み出すことで理想の毎日を手に入れることができます。恋人の外見がどうであっても、あるいは「好き」だと言ってくれなくても、心穏やかに安心して過ごすことができます。結婚しているかどうかに関係なく、自分らしく毎日を送ることができます。

また、自信を生み出せるようになれば、子供が自分の思いどおりにならなくてもイライラせず、むしろ子供の個性を尊重できるようになります。友達や親友の数に限らず、自分が付き合いたい人と理想の関係性を築けるようになるのも、自信を生み出せた先に待つ未来です。

このように、外部の要因に左右されず、いつでも自信を生み出せるようになるからこそ、どのような分野であっても、本当に望む成果を出し続けることができるのです。外側から自信を持とうとし続けるのではなく、自分の内側から自信を生み出せるようになることが、私がぬいぐるみ心理学で目指すゴールです。

誰もが自信を生み出せていた

本来できていた感覚を取り戻せばよい

ここまでの話を受けて、「私は自分の内側から自信を生み出せるようになるだろうか？」と思ったかもしれませんが、安心してください。記憶にはないかもしれませんが、私達の誰もが自信を生み出せていました。

私達は、幼い子供の頃、周囲の様子を気にせず、自分らしく振る舞えていました。泣きたいときに泣き、笑いたいときに笑い、欲しい物は欲しいと主張していたのです。「今すごく泣きたいけれど、新幹線の中で周りに迷惑がかかるから泣くのをやめておこう…」と考える赤ちゃんはいませんよね？

多少の年齢の差はあるものの、私達は、誰もが幼い頃は周りを気にせず、自信を生み出しながら過ごせていました。それが、年齢を重ねるうちに少しずつ周りを気にするようになり、自分に自信が持てなくなっただけです。

新たなテクニックや知識を身につけるわけではなく、本来できていた感覚を取り戻せばよいので、誰でも自信を生み出せるようになると確信を持って言えます。そして、自信を生み出せるようになるための具体的な方法を、次の章で解説していきます。

ストレスフリーな人間関係を目指すほどストレスフリーが実現しない理由

「ストレスフリー」の真実

第4章では、自信を生み出しながら人間関係の悩みを解決する方法を解説しますが、本章の最後に大切なことをお伝えします。本書のタイトルにもなっている「ストレスフリー人間関係」ですが、ストレスフリーな人間関係を目指せば目指すほど、実はストレスフリーな状態が実現しないのです。「一体どういうことなのか？」と思われたかもしれませんが、冷静に考えると納得できる理由が存在します。

私達が、24時間、３６５日ストレスを一切感じないで過ごすことは、そもそも無理です。同時に、悩みを一切抱かなくなることも無理です。悩みのことを仏教用語で煩悩と言いますが、昔のお坊さんの多くが、煩悩を一切抱かなくなるために山に籠もり修行をして来たそうです。

ですが、結局のところ、日常のどこかで煩悩を抱いてしまうことに気づき、「悩みを一切排除することはできない」という結論に達したそうです。もちろん、神様であれば話は別かもしれませんが、少なくとも私達が人間である以上、これからの人生においても悩みを抱く瞬間は訪れます。

大事なのは、悩みを抱いたときに自分で気づけるようになることです。人間関係の悩みを抱いたり、ネガティブな感情が押し寄せたときに自分で気づければ、悩みを手放せるようになります。一時的には落ち込んだり、自分に自信が持てなくなっても、すぐに自信のある状態に戻ることができます。これこそが、「自信を生み出す」ということであり、ストレスフリーな人間関係を実現した状態だと言えます。

もし、あなたが悩みを一切抱かなくなりたいと思われているならば、ロボットであれば別ですが、人間である限り悩みを一切抱かないことは無理でしょう。ですが、同じ悩みを繰り返さなくなったり、悩みを抱いてもすぐに気づいてストレスフリーな状態を手に入れることはできます。

自分で自信を生み出せるようになればなるほど、悩みを抱いたりストレスを感じる時間は短くなります。今までは1日中引きずっていた悩みが、半日、3時間、1時間、30分、10分と圧倒的に短い時間で手放せるようになります。

これこそがストレスフリーな人間関係であり、ぬいぐるみ心理学を実践することで到達できる状態です。それでは、次の章で、自信を生み出しながら人間関係の悩みを解決する方法を解説します。

●第3章のポイント

◆あらゆる人間関係の悩みの原因は自分の自信のなさである。
◆外側の対象から自信を持とうとするほど、不安定な人生を送ることになる。
◆正しい承認欲求の満たし方は、「まず自己承認、結果として他者承認」である。
◆自信は外側から持つのではなく、自分の内側から生み出すものである。
◆誰もが自信を生み出せていたので、自信を生み出せる状態を取り戻すことはできる。

第4章

「ぬいぐるみ心理学」で人間関係の悩みを解決する方法

人間関係の悩みを解決する3ステップ

【図表5　人間関係の悩みを解決する3ステップ】

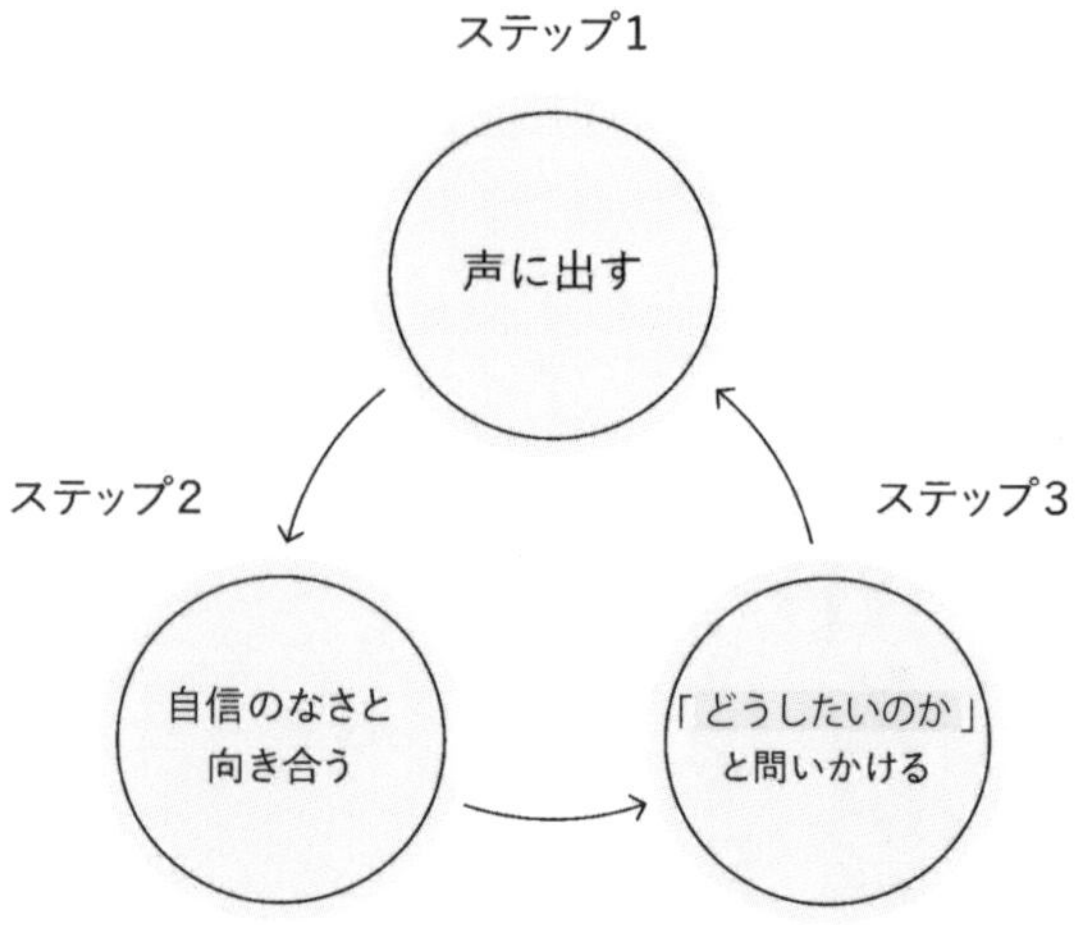

3ステップとは

私は、5000名以上のお客様とかかわる中で、人間関係の悩みを根本的に解決する方法を導き出しました。仕事でも、プライベートでも、あらゆる人間関係の悩みを解決するには、次の3ステップを実践することです（図表5参照）。

・ステップ1　「声に出す」
・ステップ2　「自信のなさと向き合う」
・ステップ3　「どうしたいのかと問いかける」

という3つのステップを繰り返し実践することで、悩みは解決し、本当に望む毎日を手に入れることができるようになります。

同時に、いずれかのステップが実践できていないときは、悩みを抱き続けてしまいます。

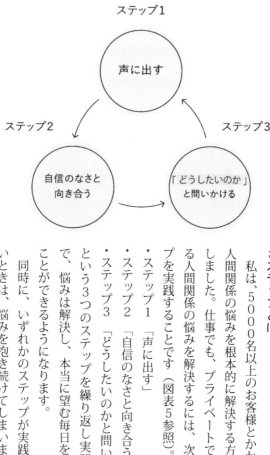

ここからは、３つのステップについて、順番に解説していきます。

声に出すだけで悩みが解決する理由

自分の気持ちを声に出す

最初のステップは、「声に出すこと」です。自分の気持ちを声に出すことは、人間関係の悩みを解決する上で必要不可欠です。

「…声に出すだけですか？」と、もしかしたら思われたかもしれません。これまで数多くのお客様を見て判明したのですが、悩みを抱えているときほど、私達は声に出すことを忘れています。さらに踏み込んで言えば、悩みを抱えているときほど、私達は声に出さず頭の中で考えを巡らせ続けているのです。

「考え続けているほどに頭が重たく感じた」「次第に自分でも何を考えているのかがわからなくなった」という経験を、あなたも1度は実感したことがあるのではないでしょうか？　一説では、私達は、１日に約６万もの言葉を考えると言われていますが、その内の８割〜９割はネガティブな事柄だとされています。つまり、頭の中で考えるほど一層ネガティブに物事を考えてしまい、悩みを引きずり続けてしまうのです。

また、頭の中で悩みを考え続けていると、事実から外れた悩みへと脱線してしまうことがあります。たとえば、「上司に怒られた」という悩みを考え続けていると、「私って生きている意味があるのかな？」という悩みが浮かんで来ることもあります。上司に怒られたことについて悩んでいたのに、声に出さず頭の中で考え続けていると、「生きている意味があるのか」というように飛躍した悩みを抱いてしまうこともあるのです。

どのような気持ちでもよいので、まずは自分の気持ちを声に出すことが大切です。声に出すことで、自分が何に悩んでいるのかに気づくことができます。

私達人間が何かを記憶するときには、脳内の海馬という部位が働くのですが、視覚や聴覚などの感覚器官をより多く働かせたほうが記憶に残りやすいと言われています。頭で考えているよりも、実際に声に出したほうが感覚器官はより多く働くので、何に悩んでいるのかに自分で気づきやすくなるのです。

それこそ、上司に怒られたならば、「上司に怒られた」と、そのまま声に出せばよいですし、人目を気にして言いたいことが言えなかったならば、「人目を気にして言いたいことが言えなかった」とそのまま声に出せばよいのです。難しく考えずに、まずは自分の気持ちをそのまま声に出してみることを意識してみてください。

また、声に出すことは、身体の一部である口を動かしています。ランニング等の有酸素運動とまではいかないかもしれませんが、声に出すことも広い意味では身体を動かしていると言えます。身体を動かすことの心身における効果については数多く語られていますが、身体を動かすことで脳内でセロトニンというホルモンが分泌され、気持ちが前向きになったり、安心感を抱けたり、幸福感が高まるとも言われています。

頭の中で考え続けているとネガティブな感情が増大してしまいますが、声に出すことで、自然と前向きになり、悩みの解決に向けて行動へと移すモチベーションも高まりやすいと言えます。

声に出す上でのポイント

ちなみに、声に出す上でのポイントは、「どんな気持ちも全部声に出す」という意識を持つことです。「全部声に出せたかどうかをどうやって測定するのか？」と思われたかもしれませんが、実際のところ、全部声に出せたかどうかは自分でもわかりません。ですが、大事なのは、全部声に出すという「意識」を持つことです。

先ほど述べたように、人間関係の悩みを抱いている人の多くが、悩みを声に出さず、頭の中で考え続けています。つまり、悩んでいるときほど声に出さずに頭の中で考えることが癖になっているのです。だからこそ、「全部声に出す」という意識を持つことで、普段声に出さない気持ちが出て来やすくなります。

闇雲に時間ばかりが過ぎる状況から抜け出す方法

先のことは誰にもわからない

「あのときもっとこうしておけばよかったな…」

「本当はあっちの会社に就職したかったな…」
「親から過去に受けた仕打ちが許せないな…」
「転職したらやっていけるのだろうか…」
「結婚したらその後の生活はどうなるのだろうか…」
「自分らしく行動して失敗したらどうしよう…」

既に起きた過去のことに意識を向けたり、まだ起きてもいない未来のことに意識を向けたことは、誰もが1度はあると思います。今この瞬間ではなく、過去や未来に意識が飛び続けていると、物事は上手く進んでいきません。過去や未来のことを考え続けて時間ばかりが過ぎ去り、今この瞬間の行動に移せないことがあるのです。

過去に起きた出来事は変えられません。それにもかかわらず、過去のことを思い出し続けても、現在の悩みも解決せず、物事が前に進みません。あるいは、過去の成果や栄光を思い出し、「あの頃はすごかった!」と思い出すかもしれません。一時的に心地よい気分にはなりますが、現在の状況が上手くいっていないならば、過去を思い出して心地よさを感じても現実は変わりません。

一方で、未来に何が起こるかは、どれだけ考えてもわかりません。それにもかかわらず未来のことを考え続けても、不安ばかり生まれるだけで、現在の行動に移せないのです。どれだけ頑張って未来の状況を分析しても、自分の心境も変われば日本の状況も変わります。先のことをどれだけ考えても、先のことは誰にもわからないのです。

頭の中の言葉を声に出すことでマインドワンダリングを止められる

自分の意識が過去や未来に向いてしまうことを、「マインドワンダリング」と言います。マインド（心）がワンダリングして（さ迷って）いる状態のことであり、「心ここにあらずの状態」と言い換えてもよいでしょう。

一説では、私達は、１日の中で約43％もの時間をマインドワンダリングに費やしていると言われています。今この瞬間を生きておらず、過去や未来のことを考えて過ごす時間が、１日の中で約半分もあるのです。過去や未来に意識が向けば向くほど、今この瞬間に意識が向かなくなります。そのためマインドワンダリングを続けることで現実の行動に進展が見られず、闇雲に時間ばかりが経過してしまうのです。

そして、ほとんどの場合、マインドワンダリングが起きているときは、自分の頭の中で考えを巡らせているのです。実際に声に出さず、頭の中で過去や未来のことを考え続けているのです。頭の中で考えているとネガティブな感情が増大してしまうと先ほどお伝えしましたが、過去や未来に意識が向いている事柄も実際に声に出すことで、自分が何を考えているのかに気づくことができます。

いたずらに過去や未来のことに意識を向け続けることなく、今この瞬間に意識を戻すことができるのです。もし、マインドワンダリングを始めたときは、頭の中に浮かんでいる内容を意識して声に出すことで、マインドワンダリングを止めることができます。

過去の出来事は変えられませんし、未来に何が起こるのかはわかりません。マインドワンダリングを止めることで、自分ではどうすることもできない事柄に悩み続けることがなくなるのです。そして、同時に、今この瞬間に意識を向けて行動することができるようにもなるのです。

間違った声の出し方

間違った声の出し方は人間関係に悪影響を及ぼす

人間関係の悩みを解決する上では、声に出すことが最初のステップなのですが、実は間違った声の出し方を行っている人もよく見かけます。間違った声の出し方とは、「誰かに向けて声に出すこと」です。

「上司が全然理解してくれなくて…、とランチの時間に同僚へ愚痴や不満をぶつける」

「うちの旦那がさ〜、とママ友に対して愚痴や不満を語り続ける」

「現状がつらくて…、と友達へ深夜に電話をかけて悩みを吐き出す」

たとえば、これらは間違った声の出し方です。確かに誰かへ向けて声に出しても、声に出しながら自分の気持ちに気づくことはできます。「何だかスッキリした！」と話している側が感じるのは、声に出しながら自分の気持ちに気づけたからです。しかし、同時に、相手にネガティブな気持ちをぶつけてしまうことになります。愚痴や不満やつらい気持ちを聞き続けるうちに、相手は精神的に疲れ果ててしまうのです。

「いきなり職場の不満を語られ、せっかくのお昼休憩の時間も気が安まらなかったし、早く話が終わらないかな…、と心の中で思っていた」。

このような経験を、今までの人生であなたも1度はしたことがあると思います。聞いている側は疲れてしまいますし、人によってはイライラし始めてケンカになることもあります。誰かに向けて声に出していると自分はスッキリするでしょうが、聞いている相手には嫌な気持ちが広がります。結果的に人間関係がギクシャクしたり、関係が悪化することへとつながるのです。

誰かに向けて声に出す前に、まずは自分で声に出すこと。この点を意識することで、相手との関係がギクシャクすることもなくなります。そして、自分で声に出すことを意識できるようになるほど、相手に愚痴や不満をこぼし続けることも減っていきます。

ペットも元気がなくなる

ペットに向けて声に出すことも間違い

ちなみに、ペットに向けて声に出すことも、実は間違った声の出し方です。これは、過去のお客様で何人も見て来たのですが、モヤモヤした気持ちやストレスを犬や猫などのペットに吐き出しているケースがあります。

「きょうも仕事がつらかった～」「旦那が私の気持ちを全然わかってくれない…」「何かもう毎日

が苦しいよ」といった気持ちをペットに対して吐き出せば、ペットが精神的に疲れ果ててしまいます。

言葉にして直接吐き出している人もいれば、言葉にこそしないものの無言で抱きしめたりしながらネガティブな気持ちを伝えていることもあります。実は、これらも間違った声の出し方だと言えます。

このように、ペットに向けてネガティブな気持ちを声に出し続けると、次第にペットの元気がなくなります。ペットが急に縮こまったり、体調を崩したりしてしまうのは、ペットではなく飼い主が間違った方法で声に出していることが原因であることも考えられるのです。

誰かに向けて声に出すのではなく、まずは自分で声に出すこと。独り言をつぶやくように自分で自分の気持ちを声に出すことが大切だということは先ほど解説しましたが、これは人ではなくペットにも言えることです。ペットに向けて吐き出す前に、まずは自分で自分の気持ちを受け止めてみてください。

ちなみに、この現象は、ペットだけに限らず、植物などの生き物についても同じです。いきなり植物にネガティブな気持ちを声に出してしまうと、植物の元気がなくなってしまいます。誰かや何かに対していきなり声に出してしまうと、彼らを巻き添えにしてしまうのです。

自分自身は、気持ちがスッキリするかもしれませんが、間違った声の出し方を続けると、相手やペットや植物に悪影響を及ぼしてしまう可能性があるのです。

今すぐ実践できる声の出し方

どんな気持ちもそのまま声に出す

声に出すことについては、今すぐ誰でも実践できます。誰かに対して声に出す前に、まずは自分で自分の気持ちを声に出すことです。どんな気持ちもまずは声に出してみることがポイントです。「ポジティブな言葉しか声に出してはいけない」ということはありません。ポジティブかネガティブかは一切関係なく、頭の中で思い浮かんだ気持ちはそのまま声に出すことを意識してみてください。

ちなみに、声に出すことで脳の前頭前野が活性化し、アイデアが浮かびやすくなるとも言われています。悩みの解決はもちろんですが、やりたいことを考えたり、仕事の良案を考えるときに、意識して声に出すことで、アイデアが浮かびやすくなります。

実際、私もメルマガやブログを書くときは、声に出しながら書き進めています。声に出しながら書くことでよいアイデアが浮かびやすくなり、早く書き上げることもできています。また、本書を書き上げる上でも、声に出しながら執筆を行いました。

悩みを解決することにとどまらず、仕事やプライベートで理想の成果を手に入れる上でも、声に出すことは活用できるのです。

自信のなさと向き合う

自信のなさと向き合うことで悩みは解決へと向かう

そして、次のステップは、「自信のなさと向き合うこと」です。声に出すだけで止まってしまうと、一時的に自分の気持ちがスッキリすることはあっても、悩みは解決しません。個人差はもちろんありますが、一説では女性は男性の約3倍、1日の中で声に出す量が多いと言われています。ですが、女性も人間関係の悩みを抱いていますし、どれだけ声に出しても悩みが一向に解決しないわけです。前の章で「人間関係の悩みの根本原因は自信のなさである」とお伝えしましたが、自分の自信のなさと向き合うことで悩みは解決へと向かいます。一方で、自信のなさと向き合うのを避け続けると、悩みは解決しないままです。

声に出すだけだと、あくまで一時的にスッキリした状態が訪れるだけです。マイナスの状態だったものがゼロに到達するだけで、プラスの方向には進んでいかないのです。

この状態をたとえるならば、ストレス発散。お酒を飲んだりお菓子を食べたり衝動買いをしたり運動をしたりとストレス発散はできても、悩み自体は解決していないわけです。

人目を気にしてしまう悩みを抱えていたとして、お酒を飲んだだけで悩みが解決していれば、世の中の誰も悩みを抱えていないはずです。

過去の私も、自信のなさと向き合うのを避けて、一時的なストレス発散ばかり行っていました。自宅でゲームばかりをしていたり、何もやる気が起きず1日中ゴロゴロ過ごしていたり、食べ過ぎ飲み過ぎでストレス発散したりと、手を替え品を替えあらゆる発散方法を試して来ました。確かにその瞬間はスッキリするのですが、どれだけストレスを発散しても悩みは解決しませんでした。

「課題と向き合うことから目をそらし続けているのではないか？」「本気で自分と向き合わないと現状は変わらないのではないか？」と感じ、自信のなさと向き合ったことで、人間関係の悩みが解決へと向かい始めたのです。

５Ｗ１Ｈを活用して自信のなさと向き合う

５Ｗ１Ｈの活用法

自信のなさと向き合う上では、５Ｗ１Ｈを活用することをオススメします。５Ｗ１Ｈについては、仕事のマーケティングやプレゼンテーション作成やアイデアを出す際など、あらゆる場面でその効果や重要性が語られていますが、自信のなさと向き合う上でも非常に役立ちます。

「ＷＨＡＴ（何が？）」「ＷＨＥＮ（いつ？）」「ＷＨＯ（誰に？）」「ＷＨＥＲＥ（どこで？）」「ＷＨＹ（なぜ？）」「ＨＯＷ（どうやって？）」という問いかけを自分自身に行っていきます。

「なぜ人目を気にしてしまうのか？」。

「上司から怒られることの何が怖いのか？」。

「いつから周りから褒められないと自信が持てないと思っているのか？」。

このように、５Ｗ１Ｈを意識しながら自分の気持ちを振り返ることで、どのような自信のなさがあるのかに気づきやすくなります。

主語を自分に戻して問いかける

どうしたいのか自分に問いかける

自信のなさと向き合った後は、「どうしたいのか？」と自分自身に問いかけます。実は、人間関係の悩みを抱えているときほど、「どうしたいのか？」と問いかけることができていません。「どうしたいのか？」の主語は自分自身ですが、悩みを抱えるときは自分を主語にできていないのです。

前の章で、人間関係の悩みを抱えているときは周りを気にして自信をなくしてしまうと解説しましたが、周りを気にすればするほど、自分以外の誰かのことを考えてしまいます。

超能力でも持っていれば別ですが、相手の気持ちは相手にしかわかりません。どれだけ相手のことを気にしていても、相手の気持ちを理解することはできません。自分以外の誰かのことを考え続けているのは、答えのわからない問題を解いているようなものなのです。

「今からこの問題を解いてください。ただし、先生にも答えはわかりません！」。

このように言われている状態ですし、どれだけ時間をかけても答えにたどり着かず、時間を浪費し続けることになってしまいます。

相手の気持ちはどう頑張っても読み取ることはできませんが、自分の気持ちであれば、自分で気づけるようになります。だからこそ、主語を自分に戻して、「どうしたいのか？」と問いかけることで、自分が望む行動を選択できるようになります。

「上司に自分の意見を伝えたい」「１人でランチを食べたい」「悲しかった気持ちを恋人に伝えたい」というように、自分の気持ちに気づき、行動へと移していけるようになるのです。

自分軸の見つけ方

自分軸と他人軸の決定的な違い

「自分軸がわからない」

「他人軸に左右されてしまう」

「自分の軸を持って人生を送りたい」

私のもとに寄せられる相談の中でも、「自分軸」にまつわる内容は多いです。周りに左右されずに自分の意思を持って行動を選択したいと思われているからこそだと考えられます。その一方で、「仕事だから…」「家族がいるから…」と、何かしら理由があって自分軸で生きられないと感じている人もいます。

実は、自分軸を見つける方法はシンプルです。ここまでお伝えして来た「どうしたいのか?」と問いかけることが、自分軸に気づき、自分の気持ちを大切に行動するための方法です。

「どうしたいのか?」の主語は自分自身ですので、自分を主語にしているからこそ、自分軸に気づけるようになります。裏を返せば、自分を主語にして問いかけなければ周りの言動に左右されてしまうので、他人軸で生きることになってしまいます。

自分軸に気づけていなかったり、他人軸で行動してしまっているならば、その背景には自信のなさがあります。自信のなさと向き合いながら自分を主語にして問いかけることで、自分軸を持って毎日を過ごせるようになります。

将来の夢や目標といった大きなゴールだけではなく、日々の生活で自分が何をしたいのかや、相手に対して何を伝えたいのかなど、日常の場面から自分軸を持って行動できるようになります。

いつでも簡単にできる! 主語を自分に戻すワーク

どうしたいのかと問いかけて行動したことを書き出す

ここでワークに取り組んでみましょう。昨日1日を振り返って、「どうしたいのか?」と問いかけて行動したことを書き出してみてください。誰かといる場面でもよいですし、1人でいる場面でも構いません。どんな些細な事柄でも構いませんので振り返ってみてください。

「どうしたいのか？」と問いかけることに慣れていなかったり、そもそも主語を自分に戻して問いかけることを忘れている人もいます。いきなり人間関係の場面で主語を自分に戻せなくても、まずは自分１人の場面から実践するうちに、「どうしたいのか？」と問いかけることを習慣にすることができます。

●昨日１日を振り返って、「どうしたいのか？」と問いかけて行動したことを書き出してください。

「ネガティブな気持ちは声に出してはいけない」という思込み

ネガティブ思考に陥らないために意識すること

ここまで、人間関係の悩みを解決する3ステップを解説して来ましたが、「ネガティブな気持ちは声に出してはいけない気がする…」という質問を受けることはよくあります。先ほど人間の記憶のメカニズムについて取り上げましたが、感覚器官をより多く働かせたほうが記憶に残りやすいと言われています。

頭で考えているよりも、声に出したほうが感覚器官を多く働かせているため、私達の脳内で記憶に残りやすいと言えます。ということは、ネガティブな気持ちばかりを声に出し続けていれば、それが記憶に残り、ネガティブ思考の人間になってしまう懸念もあります。

ですが、これはあくまで何度も何度も声に出し続けた場合です。私達の脳内にある海馬という部位では、すぐに忘れてもよい記憶（短期記憶）と長く保存しておく記憶（長期記憶）のどちらかを判別しています。口ぐせのようにネガティブな言葉ばかりを考えたり発していれば、それが長期記憶として保存されてしまいますが、私は別に口ぐせになるまで何度も声に出し続ける必要はないと考えています。

どんな気持ちも、まずは声に出しながら受け止め、その上で自信のなさと向き合い、最後は主語を自分に戻して問いかけることで、ネガティブな気持ちを考え続けることはなくなります。口ぐせのようにネガティブな気持ちを考え続けてしまう人の特徴は、自信のなさに向き合わなかったり、主語を自分にして問いかけられていないからです。

ポジティブ、ネガティブを問わず、まずは感じた気持ちをそのまま声に出してみることです。一時的にネガティブに考えることはあっても、最終的には「どうしたいのか？」と問いかけ、行動していくので、自信を生み出しながら理想の人間関係を築けるようになります。

なぜ本音を話そうとすると涙が流れそうになるのか

「自分の気持ちを声に出してはいけない」という思込み

「自分の気持ちを話そうとすると、理由もわからず泣きそうになる」。

「声に出そうと思うと、涙が流れそうになる」。

お客様からこうした声を聞くことはありますし、過去の私も何度も経験しました。もちろん、全員が経験するわけではありませんが、自分の気持ちを言葉にしようとすると、なぜか涙が流れそうになることがあります。自分でも理由がわからないのに、目から涙が流れて来るのです。

「自分の気持ちを声に出してはいけない」という思込みがあると、言葉よりも先に涙が流れることがあります。たとえば、相手の反応を気にして過ごして来たならば、「自分の気持ちを言って大丈夫かな…」と、無意識の内に思っています。嫌われたり否定されたり怒られるのを怖れて、声に出さずにこれまで過ごして来たわけです。

あるいは先ほど述べたように、自分の中でネガティブだと思っている言葉ほど、実際に声に出す際には抵抗を感じるかもしれません。

第1章で、心の便秘についてお伝えしましたが、声に出さずにため込んで来たからこそ、いざ声に出そうとした瞬間に感情があふれ出しそうになることがあるのです。

本音を話そうとするときに涙が流れそうになるのは、決して悪いことではありません。実際に涙が流れたとしても大丈夫ですので、まずは自分で自分の気持ちを受け止めてください。

もちろん、涙を流しても悩みは解決しません。あくまでため込んだ気持ちが外に放出されただけであり、心の便秘がスッキリしただけです。自信のなさと向き合いながら行動しなければ、同じ悩みが繰り返され、再び涙を流すような状況に陥ってしまいます。

ですが、涙が流れそうになったときは、ブレーキをかけずにそのまま自分の気持ちを声に出してみることです。

ちなみに、「涙」という漢字は、「さんずい」の部首に「戻る」と書きます。涙を流しながら、本来の自分に戻っていくようなものです。

たとえ涙が流れたとしても、その過程で押さえて来た気持ちを声に出せたならば、確実に前に進んでいます。

周りを気にせず行動するのは自分勝手なのか

周りを気にし続ける時点で既にブレーキを踏んでいる

人間関係の悩みを解決する３ステップを素直に実践することで、周りを気にせず自分の振る舞いたいように振る舞えるようになります。自信のなさと向き合いながら、「どうしたいのか？」と自分を主語にしながら問いかけることで、自分がしたいと思える行動が取れ、自分軸を持って行動できるようになります。

その一方で、ここまでの話をお伝えすると、「周りを気にせず振る舞うと自分勝手になってしまうのではないか？」という質問を必ずといってよいほど受けます。周りの目を気にせず振る舞うことで、自分勝手やワガママになってしまうことが不安なのだと思います。

結論からお伝えすると、周りを気にせず行動できるようになることは、自分勝手でもワガママでもありません。人目を気にして自分の意見を飲み込んだり、周囲に合わせて振る舞ってしまうのは、最初からブレーキを踏んでいるようなものです。車を運転するにしても、最初からブレーキを踏んでいれば進まないですし、アクセルとブレーキを同時に踏んだら故障してしまいますよね。

もし、仮に、現時点で自分らしさ全開で過ごしていたならば、既にアクセルを踏んで前進している状態です。この状態の人に、「もっと自分らしく」と伝えると、必要以上にアクセルを踏んで暴走してしまうこともあります。この状態に達すると、自分勝手やワガママだと周囲から思われてしまうこともあるでしょう。

ですが、現時点で自分らしさ全開で過ごしていないならば、いきなりアクセルを踏み過ぎて暴走することはありません。その意味でも、まずはブレーキを外すことが重要なのです。

「自分がしたいと思うことをするのは自分勝手では？」。

「周りを気にせず振る舞うのはワガママでは？」。

このように思い続ける時点で、既にブレーキを踏み続けているのです。ブレーキを外し、アクセルを踏み始めることで、周りを気にせず、自分らしく行動できるようになります。

そして、万が一、アクセルを踏み過ぎて暴走してしまいそうになっても、自分で気づいて軌道修正する力を身につけられれば、自分勝手やワガママに振り切れてしまうこともなくなります。

自信のなさと向き合い、「どうしたいのか？」と自分を主語に問いかけながら、自分の人生のハンドルを握っていきましょう。

【お客様のエピソード①】櫻田さん（女性・看護師）の場合

ここからは、具体的に、ぬいぐるみ心理学を実践したことで人間関係の悩みを解決できたお客様のエピソードを紹介します。性別や職業や置かれた状況が違っても、すべての人間関係の悩みの原因は自信のなさですので、エピソードを読むうちに現状から変わるためのヒントが得られるでしょう。

なお、本書で取り上げるお客様の事例については、事前に本人へ本文の内容の確認および許可を得ています。

最初に紹介するのは、櫻田さん（女性・仮名）の事例です。櫻田さんは、病院で看護師をしており、仕事上の人間関係に悩んでいました。彼女と話す中で、具体的に何に悩んでいるのかが見えて来ました。

＝＝＝＝＝ 櫻田さんの話　ここから ＝＝＝＝＝

私は、周りの反応が気になり、すぐいい人になってしまうことが多いです。子供の頃は頭がよい姉と比較され、「なぜお姉ちゃんはできるのにあなたはできないの？」と親から怒られることが多かったです。そのため、怒られないように振る舞い、自分のしたいことよりも、相手が望む言動を取るようになりました。

今の職場でも、自分の意見を言おうとすると変に力が入ってしまったり、声が小さくなってしまうことがあります。特に相手と意見が違うときや、何か指摘をするときに緊張してしまいます。キツく言うと職場の人にやっかまれるのではないかと思って何も言わないこともあり、そんな自分に嫌気がさしています。それに自分の感情を表現することも怖く、嫌な思いをしたときも我慢してしまいます。

こうした自分から抜け出したいし、堂々と自分の気持ちが言えるようになりたい。相手のことばかり気にしていい人を演じるのではなく、自分の意見を自信を持って言いながら過ごしたいと思っています。

＝＝＝＝ 櫻田さんの話　ここまで ＝＝＝＝

櫻田さんの話に出て来る「怒られないように」とは、第1章でもお伝えした「マイナスにならないように」という意識です。怒られないようにと意識して、自分のしたいことより相手の望むものを優先した結果、自分が我慢し続ける状況が訪れています。また、「怒られないように」という意識は、櫻田さんが子供の頃から持っているものです。怒られないようにと気にしてしまう原因も自信のなさですが、親との関係で形成された思込みが仕事の人間関係にも影響を与えていたのです。

これも第1章で述べたように、人間関係はリセットできず、親との関係から職場での関係へと、相手を変えながら同じ悩みが繰り返されてしまいます。

櫻田さんに生まれた変化

私は、櫻田さんのお話を聞きながら、本書で紹介した人間関係の悩みを解決する3ステップをお伝えしました。また、櫻田さんの状況を踏まえ、個別に取り組むメニューをお伝えしました。そして、ぬいぐるみ心理学を実践する中で、櫻田さんの日常で着実に変化が生まれました。変化を実感された櫻田さんの声を紹介します。

＝＝＝＝ 櫻田さんの話　ここから ＝＝＝＝

ぬいぐるみ心理学を実践する中で、相手に気を使い続けて自分の中で不満が蓄積していることに気づきました。それこそ「休みの希望を出す」こと1つとっても、上司や同僚からどう思われるのかを気にして、自分の希望を伝えて来ませんでした。その結果、今までは1人で抱え込んで不満が爆発していました。

自信のなさと向き合いながら自分の気持ちを確認することで、不満もためずに、周りともよい関係を築けることを実感しました。たとえば、以前は上司の忙しさや都合を気にして仕事の相談を後回しにしていたこともありましたが、今では自分のタイミングで伝えられるようになりました。上司から怒られることを気にせず行動できるようになったのは、私の中で大きな進歩でした。

また、これまでは、職場の不満や愚痴ばかりこぼす同僚と過ごすことが多かったです。本当は会話の中に入りたくなかったけれど、「嫌われたらどうしよう」と思い、我慢し続けて、無理に話を合わせたり、相づちを打っていました。その結果、いつしか自分も心の中で職場への不満や愚痴をため込むようになっていました。

でも、「自分がどうしたいのか？」を問いかけ、同僚の輪の中から外れ、距離を置くようにしました。不満や愚痴ばかりを聞きたくないし、そうした時間を過ごしたくないと思い、思い切って行動に移せました。最初は不安だったものの、仕事の改善点や趣味の話など楽しい話ができる同僚との時間が圧倒的に増えました。不満や愚痴をこぼしながら周りのせいにし続けても何も解決しないですし、自分を変えていけるのは他でもない自分自身だからこそ、自分と向き合い「どうしたいのか？」と問いかけることを習慣にしていきました。

そして、伊庭さんと出会ってから約3か月で、私はようやく自分のことが好きになりました。以前は、自分のことが自分でわからなかったですし、だからこそ相手にばかり合わせていました。そんな自分を自分で受け入れられずにいました。そのため周りからも受け入れられず、お互いの間にモヤがかかって距離ができていたのだと思います。

今では、周りに合わせたいときは合わせるし、私の気持ちを話したいときは周りと気持ちが違っても話せるようになりました。「合わせなきゃ」と無理に自分を演じていた私から、今はその時々で自分に「どうしたい？」と問いかけることができて、自分を大切にすることができています。そのため苦しくもなければ悲しくもなくなりました。

最近、「すごいなー」と思うのは、自分が嫌いだった私から自分を好きになった私に変わったことです。それができるようになってから、人間関係もプラスになって来ました。「楽しいな」と感じながら過ごす時間がほとんどです。たくさん自分と向き合って来たからだと思います。自分と向き合わずに過ごし続けていたならば、今も自分を認められず苦しんでいたことでしょう。

＝＝＝＝ 櫻田さんの話　ここまで ＝＝＝＝

「どうしたいのか？」の主語は、他でもない自分自身。周りの反応が気になり、いい人になってしまう場面や自分の気持ちを我慢している場面ほど、自分よりも先に周りのことを考えてしまいます。「どうしたいのか？」と問いかけることを続け、その過程で自信のなさと向き合って来たからこそ、短期間で人間関係の変化を実感できたのだと思います。

そして、櫻田さんも感じているように、周りを気にせず行動していれば、次第に自分のことが好きになります。一方で、周りを気にし続けていれば、自分を偽って過ごすようになり、そんな自分を好きになれません。周りを気にせずに行動できるようになったことで、人間関係はもちろん、人生全般に様々な変化が生まれます。

【櫻田さんのＢｅｆｏｒｅ】

・「怒られないように」「嫌われないように」と意識しながら振る舞ってしまう。
・相手からどう思われるかを気にして、自分の気持ちを言えず我慢してしまう。
・一緒にいたくない同僚との時間も無理に付き合ってしまう。
・１人で抱え込んだ結果、不満が爆発してしまう。

【櫻田さんのＡｆｔｅｒ】

・上司の様子を気にし続けることなく、相談したいことが相談できるようになった。
・怒られたり嫌われることを怖れずに、自分の意見を言えるようになった。
・一緒にいたくない同僚と距離を取れ、楽しくかかわれる同僚との時間が増えた。
・自分のことが好きだと思えるようになった。

【お客様のエピソード②】守安さん（女性・起業家）の場合

続いては、守安さん（女性・仮名）の事例を紹介します。守安さんは、女性起業家であり、起業家や会社員の方に向けて、理想の未来を実現する話し方を教える講座を開催しています。

「ぬいぐるみ心理学」という言葉を初めて聞いたときに、約半数の方は興味を持たれますが、もう半数の方は、「何それ?」と疑問を抱かれます。守安さんは、後者に該当するのですが、ぬいぐるみ心理学が自分の課題の解決につながることに次第に気づかれました。

＝＝＝＝守安さんの話　ここから＝＝＝＝

正直、最初は、「ぬいぐるみ心理学って怪しい…」と思っていました。今まで聞いたこともなかったですし、私には必要がないと感じていました。ですが、伊庭さんとお話をする中で、ぬいぐるみ心理学が理論的でわかりやすく、日常に応用しやすいものだと気づきました。何より私の仕事の悩みの解決につながることに気づきました。

私自身、以前に局アナをしていた経験を活かし、話し方講座を開催しています。これまでの経験を活かし、自分の名前でビジネスを確立し、必要な人の役に立てるようになりたいものの、目標の収入にも到達しておらず、まだ結果が出ていない状態だと感じていました。

なぜ結果が出ていないのかを振り返る中で気づいたのが、どこかでお客様の反応を気にしている部分があり、そのため自信を持って自分の商品を提案し切れていないことでした。この点で私にも自信のなさがあると感じました。

また、仕事が上手くいかないと元気がなくなり、余計に仕事が進まなくなるスパイラルに陥ります。テレビ等のメディアの情報を何となく見て時間が過ぎたり、ＳＮＳから入って来る他の人の活躍を見てうらやましく感じたり、「それに比べて私は…」と落ち込んでしまうことがあります。

「これまでの自分と向き合いながら、ビジネスで理想とする結果を出していきたい」。伊庭さんとお話する中で現状がより明確になったからこそ、目標を実現したいと強く感じています。

＝＝＝＝＝ 守安さんの話　ここまで ＝＝＝＝＝

経営者や起業家など、一見すると自信のなさとは無縁に見える方にも自信のなさはあります。目標を実現できない背景にも自信のなさはありますし、自信のなさと向き合わなければ、いつまでも目標には到達できません。

また、第1章で述べたように、直接誰かと接することがなくても、メディアやＳＮＳを通して間接的に人とかかわる中で悩みを抱くことはあります。

守安さんの場合、元気がないときに間接的な人とのかかわりを通してさらに元気がなくなる、といった負のスパイラルに陥っていました。

守安さんに生まれた変化

私は、守安さんのお話を聞きながら、本書で紹介した人間関係の悩みを解決する３ステップをお伝えしました。また、守安さんの状況を踏まえ、個別に取り組むメニューをお伝えしました。そして、ぬいぐるみ心理学を実践する中で、守安さんの日常で変化が生まれました。変化を実感された守安さんの声を紹介します。

＝＝＝＝＝守安さんの話　ここから＝＝＝＝＝

伊庭さんの教えを実践する中で改めて実感したのは、やはり上手くいかないときはお客様の反応を気にしているということです。そこで、「大事なのは自分がどうしたいのかだ！」と意識しながら接することで、自信を持って自分の商品を提案できるようになりました。

その結果、目標としていた収入を安定的に得られるようにもなりました。何より一番嬉しかったのは、私が理想とするお客様ばかりとかかわれるようになったことです。「どうしたいのか？」を問いかけながらかかわりたいお客様を明確にし、かかわりたいお客様に向けてストレスなく仕事ができているのは、本当に幸せなことです。

また、伊庭さんの講座を受けながら、「私は話し方を教える上で、どんな講師でいたいのか？」と改めて問いかけました。その結果、「お客様に一切気を使わず、伝えたいことは具体的な言葉で伝えていこう！」と目指す講師像を導き出すこともできました。

そして、仕事面だけでなく、家族との関係でも嬉しい変化がありました。仕事での課題と同様に、家庭でも時おり夫の顔色を気にしてかかわってしまう瞬間がありました。ですが、今では、夫の様子を気にすることがあっても「どうしたいのか？」と問いかけ、今まで以上に自分の気持ちに素直に行動できるようになりました。「夫と理解し、尊敬できる関係でいたい」という目標に向けて、さらに近づいている感覚です。

以前の私は、起業したからには資格がないと生き残れないと焦って、よくわからない資格の取得に何十万円も使い、結局続かなかったことがありました。あの頃の私は、まさに伊庭さんのおっしゃるように、外側から自信を持とうとしていました。ですが、今になって思うのは、資格があるから仕事が上手くいくわけではないということ。周囲の目を気にしてしまう自信のなさと向き合いながら行動すれば、資格があってもなくても自分が求める結果を出すことができるということです。

＝＝＝＝＝守安さんの話　ここまで＝＝＝＝＝

生きている限り悩みを一切排除することはできないと第３章でお伝えしたように、周囲の目を一切気にしなくなることはありません。大事なのは、守安さんのように、相手からどう思われるかを気にしたときにすぐ気づき、自分を主語に戻して行動すれば、自信のある状態で理想の結果を手に入れることができます。

守安さんの場合、自分で気づいて軌道修正する習慣が定着したことで、仕事でも目標とする結果を出せたのでしょう。

また、守安さんが感じているように、外側から自信を持とうとし続けても、結局は同じ悩みを何度も繰り返してしまうので、時間やお金をいたずらに浪費し続けてしまいます。大事なのは、自信のなさと向き合いながら、自分の内側から自信を生み出せるようになることであり、自信を生み出せる感覚をつかむほどに求める成果が出るようになります。

【守安さんのＢｅｆｏｒｅ】

・起業したものの求める結果が出ていない。

・お客様の反応を気にしてしまい、自信を持って商品を提案し切れない。
・メディアやＳＮＳの影響を受け、行動が停滞してしまう。
・夫の顔色を気にしてかかわってしまう瞬間がある。

【守安さんのＡｆｔｅｒ】

・お客様の反応を気にせず、自信を持って商品を提案できるようになった。
・目標としていた収入を安定的に得られるようになり、理想のお客様ばかりとかかわれるようになった。
・夫の前でも今まで以上に自分の気持ちに素直に行動できるようになった。
・目指す講師像を導き出すことができた。

●第４章のポイント

◆人間関係の悩みを解決する３ステップは「声に出す」「自信のなさに向き合う」「どうしたいのか？と問いかける」ことである。
◆声に出しながら自分の気持ちに気づくことで、悩みを引きずることがなくなる。
◆ポジティブ・ネガティブに関係なく、どんな気持ちもまずは声に出してみる。
◆自信のなさと向き合うことが悩みを根本から解決する鍵になる。
◆「どうしたいのか？」と問いかけ、主語を自分に戻すことで自分の気持ちに気づける。

第5章　人間関係の悩みを解決するための「ぬいぐるみ」とのかかわり方

ぬいぐるみは唯一無二のストレスフリーな存在

【図表6　3ステップとぬいぐるみとのかかわりの関係性】

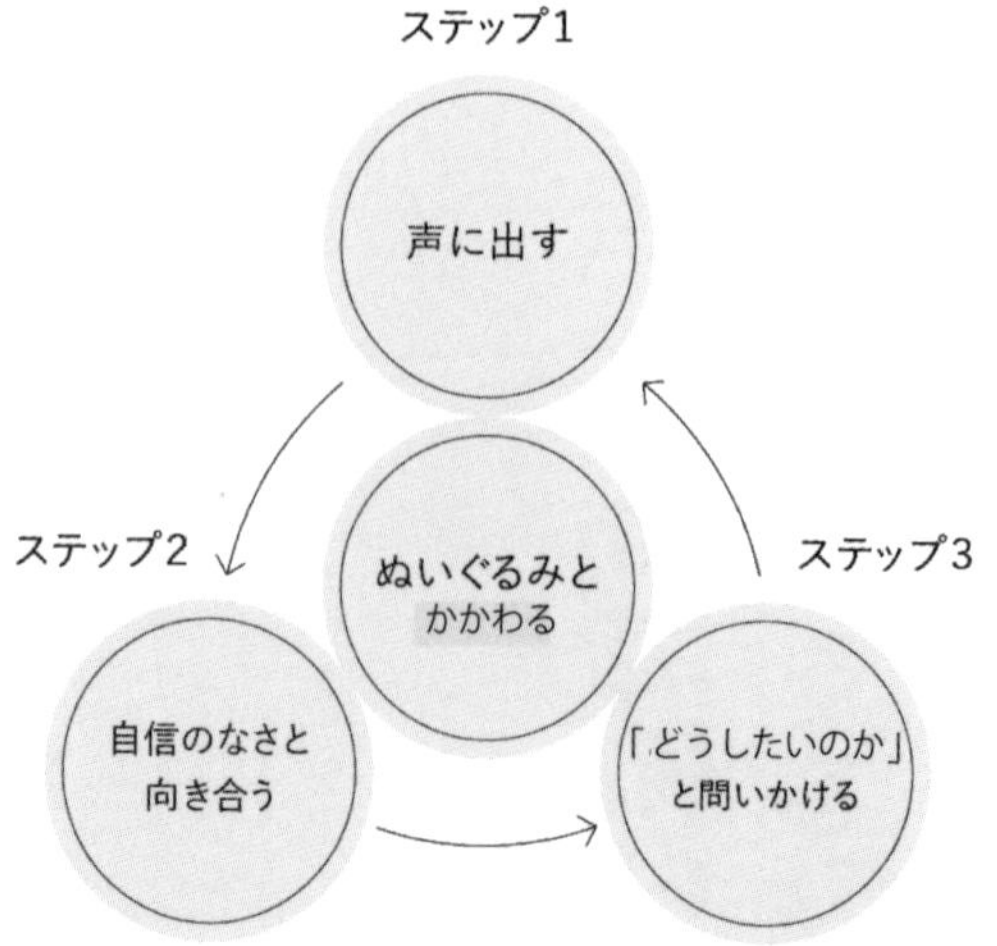

ぬいぐるみと意識してかかわる

第4章では人間関係の悩みを解決する3ステップを紹介しましたが、3ステップを順調に実践していく上でも、ぬいぐるみと意識してかかわることが効果を発揮します（図表6参照）。

「声に出す」「自信のなさと向き合う」「どうしたいのかと問いかける」という3ステップのいずれの過程でも、ぬいぐるみとかかわることで変化を早めることができます。

そこで、本章では、ぬいぐるみとの具体的なかかわり方を解説していきます。

そもそも、ぬいぐるみに気を使う人はいませんよね？　ぬいぐるみの様子を伺ったり、気を使ってぬいぐるみとかかわる人を、少なくとも私は見たことがありません。第２章でもお伝えしたように、私達はぬいぐるみを生きているかのように見立ててかかわりますし、無意識のうちにほぼ１００％自分の本心をさらけ出してしまいます。その一方で、私達は、人前では多少なりとも気を使ってしまいます。

家族や友達、恋人や同僚の前では、どれだけ信用できる相手であったとしても、気を使ってかかわる部分はあるでしょう。要するに、私達にとってぬいぐるみは、唯一無二のストレスフリーな存在であり、誰にも見せないありのままの自分をさらけ出せる存在なのです。

ぬいぐるみと意識してかかわることで、自分でも気づかないうちに蓄積されたストレスが声に出せたり、自信のなさの背景に何があるのかに気づけたり、自分がどうしたいのかを導きやすくなります。人間関係の悩みを解決する３ステップを実践する過程で、ぜひぬいぐるみとかかわってみてください。

人間関係の悩みを解決するための「ぬいぐるみの選び方」

自分にピンと来たぬいぐるみを選ぶ

ここまで読みながら、「自宅にぬいぐるみがない…」と思った人もいるでしょう。私のお客様の約半数は、私と出会うまでぬいぐるみを持っていなかったり、興味関心のない人なので、決しておかしなことではありません。現在ぬいぐるみを持っていないならば、これから購入すればよいです。

そこで、まずは「ぬいぐるみの選び方」について解説します。

特別難しいことはありません。「自分がピンと来たぬいぐるみを選ぶこと」さえできれば、大きさや形や触り心地やキャラクター等はどんなぬいぐるみでも構いません。逆に言えば、自分が心惹かれないぬいぐるみを選んでしまってはいけないのです。

先ほどもお伝えしたように、私達は、ぬいぐるみへ無意識のうちに自分の本心をさらけ出しています。それこそもう1人の自分であるかのように安心してかかわっているのです。それにもかかわらず、全然心が惹かれないようなぬいぐるみとかかわっていては自分の気持ちも乗って来ないですよね。

これでは、悩みを解決したり、願いを叶える上でも悪影響が出てしまうのです。自分がピンと来たぬいぐるみを選ぶことだけを意識して、ぬいぐるみを選んでください。

「そうは言っても、ぬいぐるみをどこに買いに行けばよいのかわからない…」と感じているかもしれません。ですが、安心してください。本書を読みながら、あなたは既に「ピンと来たぬいぐるみを買おう」と意識しているはずです。実は、これだけで、お気に入りのぬいぐるみに巡り合うことは決まったも同然なのです。

心理学では、「カラーバス効果」という理論があります。「ある特定のものを意識し始めると、それに関連する情報が目にとまりやすくなる」という理論です。たとえば、「歯医者に行きたい」と思うと、いつもと同じ道を歩いていても歯医者が目にとまりやすくなったり、テレビや雑誌で歯医者に関する情報が目に飛び込みやすくなるのです。

あなたは、既に「ぬいぐるみ」のことを意識し始めているはずです。ピンと来たぬいぐるみを買おうと意識していれば、普段どおり過ごしていても、自然とぬいぐるみが目にとまりやすくなるのです。具体的な手段を考えなくても、ただぬいぐるみを買うことを意識しているだけで、不意に入ったお店で心惹かれるぬいぐるみと出会う可能性がグンと高まっているのです。

私のお客様を見ていると、平均して1か月前後あれば、お気に入りのぬいぐるみを見つけることができています。カラーバス効果にも後押しされながら、まずはピンと来たぬいぐるみを見つけることに意識を向けてください。

避けて欲しいぬいぐるみの選び方

ただし1つだけ注意点があります。自分がピンと来たぬいぐるみを選ぶのが大事ですので、誰かがプレゼントしてくれたぬいぐるみを使うことは避けてください。もちろん、これについては、個々のケースにもよるのですが、基本的には避けたほうがぬいぐるみ心理学の効果を実感しやすくなります。

たとえば、別れた恋人と一緒に買ったクマのぬいぐるみを持っていたならば、ぬいぐるみを見る度に恋人との記憶を思い出してしまうかもしれません。「あのときは幸せだったな…」「何で別れたんだろう…」「もう1度やり直せたらよかったのに…」など、余計な記憶が呼び覚まされ、自分の感情が乱されてしまいます。これでは、悩みを解決するどころか、逆に悩みが深まってしまいます。

一概にすべてがダメだとは言いませんが、誰かがプレゼントしてくれたぬいぐるみについては、基本的には避けたほうがよいです。

相手との関係が悪くなれば、ぬいぐるみとかかわるときにも相手のことを思い出し、ネガティブな影響が出てしまうこともあるからです。あくまで自分の意思で選んだぬいぐるみを使うことをオススメします。

ぬいぐるみと一緒に寝る

モヤモヤした気持ちを持ち越しにくくなる効果

ここからは、具体的に人間関係の悩みを解決するためのぬいぐるみとのかかわり方をお伝えします（図表7参照）。

まず、解説する方法は、「ぬいぐるみと一緒に寝ること」です。枕元に置いたり、毛布の中に入れたりしながら、ぬいぐるみと一緒に寝てください。たったこれだけのことですが、実はモヤモヤした気持ちを翌日に持ち越しにくくなる効果があるのです。

ぬいぐるみに触れることで、私達の脳内でオキシトシンというホルモンが分泌されることが近年わかって来ました。オキシトシンは、別名「幸せホルモン」と呼ばれており、幸福感や安心感や癒しにつながるホルモンだと言われています。ぬいぐるみと一緒に寝ることで、オキシトシンが分泌され、幸せな気持ちで眠りにつくことができるのです。

何より寝室は、私達にとって一番プライベートな空間です。どれだけ大切な友達であっても、同じベッドで一緒に寝ることには多少なりとも抵抗があるでしょう。あるいは、結婚していても、ベッドを分けて寝ることもあるでしょう。それだけ寝る空間というのは一番プライベートな空間であり、一番リラックスできる空間だとも言えます。だからこそ、ぬいぐるみと一緒に寝ることで、一層リラックスして眠ることができます。私達は、ぬいぐるみには無意識のうちに素の自分をさらけ出してしまうので、ぬいぐるみとかかわるだけで安心感を抱くことができます。

【図表７　人間関係の悩みを解決するための
ぬいぐるみとのかかわり方】

- 一緒に寝る
- マッサージする
- 話しかける
- 抱きしめる
- 携帯する

過去のお客様を見ていると、ぬいぐるみと一緒に寝たことで、睡眠の悩みが改善へと向かったケースもありました。それまでは、ベッドに入ってもなかなか寝つけなかったり、深夜まで目が覚めてしまうことがあっても、ぬいぐるみを隣に置いただけで、ほんの十分足らずで眠りに落ち、熟睡感を持って目覚めることができるようになりました。私自身も、寝つけないときは、ぬいぐるみを取り出して一緒に寝たりと、意識してぬいぐるみとかかわっています。

もちろん、ぬいぐるみと一緒に寝ただけで悩みは解決しません。ですが、モヤモヤした気持ちを翌日まで引きずることはなくなっていきます。オキシトシンの効果もあり、安心しながら眠りにつき、スッキリした気持ちで目覚めやすくなるので、翌日には気持ちを切り替えて、自信のなさと向き合い始めることができます。

ぬいぐるみをマッサージする

自分の心と身体をマッサージしている感覚

次に紹介するかかわり方は、「ぬいぐるみをマッサージすること」です。ぬいぐるみを手に取って、頭や手足、胴体やしっぽなど、マッサージをするかのように触れてください。「ここは凝ってるな〜」と感じた部位があれば重点的にほぐしたり、普段触れない箇所も丁寧にマッサージをしてあげてください。単にぬいぐるみに触れているだけですが、実はこれも自分自身にとって大きな効果があるのです。

私達は、ぬいぐるみの前では無意識のうちにほぼ100%素の自分をさらけ出しています。単にぬいぐるみをマッサージしているだけのように見えて、自分自身の心と身体をマッサージしているような感覚が得られるのです。

日常的に、自分で自分の身体に触れることも少ないかもしれませんし、自分の心に触れることとなどできません。そんな中でぬいぐるみをマッサージすることで、自分の身体や心に触れ、凝り固まったモヤモヤをほぐしているかのような感覚が得られます。

　過去のお客様の中には、ぬいぐるみをマッサージするうちに、何だか心も身体も軽くなったように感じたり、思わずリラックスしてマッサージ中に眠ってしまった人もいました。ぬいぐるみの足を重点的にマッサージしていたところ、実は自分自身も足に疲れがたまっていたことに気づかれたケースもありました。ぬいぐるみと自分の状態がつながっていることもありますので、マッサージをしながら、自分の心身の状態を整えることもできます。

ぬいぐるみに話しかける

本当の自分に話しかけている感覚

　次の方法は、「ぬいぐるみに話しかけること」です。実際に言葉を発してもよいですし、心の中で話しかけるだけでもよいです。どんな気持ちでも構わないので、ぬいぐるみに自分の気持ちを話しかけてみてください。

　私達は、日々生活する中で、自信のなさを感じたり、様々な思込みや偏見を持っています。あるいは、相手の反応を気にして自分の気持ちを飲み込んでしまうこともあります。ですが、ぬいぐるみには、自信のなさや思込みや偏見は一切なく、自分の本心が重ね合わされた存在であると言えます。

ある意味でぬいぐるみは、自分以上に自分のことを知っている存在なのです。ぬいぐるみに話しかけるということは、本当の自分に話しかけているようなものです。

メタ認知とぬいぐるみの関係性

ぬいぐるみに話しかける中では、「ぬいぐるみが自分に向かって何かを伝えている」と感じる瞬間が訪れるかもしれません。この感覚は、特に大切にしてください。ぬいぐるみが何かを伝えてくれているように見えて、本当の自分が今の自分に向けて必要なメッセージを伝えてくれているのです。

今の自分では、見落としていたり気づけないメッセージを、自信のなさや思込みや偏見が一切ない本当の自分（ぬいぐるみ）が伝えてくれています。これは、心理学の中で「メタ認知」と呼ばれる力が活用されているような状態です。

メタ認知とは、「自分の認知活動を客観的な視点で見る力」のことであり、もう1人の自分が今の自分を客観的に認知しているようなイメージです。メジャーリーガーであったイチロー選手もメタ認知を使いこなしていたのではと考えられていますが、メタ認知の力を高めるほど、そして日常で使いこなせるようになるほど、今の自分を客観的に認識し、本当に望む行動が取れるようになっていきます。

とはいえ、もう1人の自分をイメージしようとするのは、通常ではなかなか難しいです。どうしても自分の思込みや自信のなさが邪魔をしてしまい、今の自分を客観的に認識し切ることができないのです。

ですが、ぬいぐるみは、自分以上に自分のことを知っている存在であり、思込みや偏見は存在しません。

ぬいぐるみに無意識のうちに素の自分をさらけ出してしまうからこそ、ぬいぐるみとかかわればかかわるほど、自然とメタ認知の力を使いこなせるようになります。

もちろん、ぬいぐるみの発するメッセージを正確に感じ取れるようになるためには、継続的にぬいぐるみとかかわることが必要です。私は、お客様がぬいぐるみとかかわる様子を見聞きしながら、お客様のぬいぐるみが発するメッセージを読み取り、今のお客様にとって必要なメッセージを伝えることもありますが、これも意識してぬいぐるみとかかわり続けて来たことで身についた能力だと感じています。

いずれにせよ、ぬいぐるみに話しかけながら気づいたことを日常生活につなげていくことができれば、自分が本当に望む行動を取れるようになっていきます。

ぬいぐるみを抱きしめる

素の自分を今の自分の中に取り込む

次に紹介する方法は、「ぬいぐるみを抱きしめること」です。その言葉のとおり、ぬいぐるみを抱きしめてください。抱きしめ続ける時間の長さに指定はありませんので、気が済むまで抱きしめればよいです。

先ほど、ぬいぐるみと一緒に寝ることを紹介しましたが、抱きしめることもぬいぐるみに触れることになりますので、オキシトシンの分泌が促され、癒されたり、ホッとしたり幸せな気持ちを感じやすくなります。その意味ではぬいぐるみを抱きしめながら寝ることも1つの方法です。

そして、ぬいぐるみを抱きしめることで、素の自分を今の自分の中に取り込むことができます。

素の自分と今の自分が統合されるようなイメージです。

先ほど、ぬいぐるみのメッセージについてお伝えしましたが、ぬいぐるみを抱きしめることで、本当の自分を今の自分に取り込んでいるような感覚が抱けるので、ぬいぐるみが発するメッセージをより一層自分の中に落とし込むことができるようになります。

ぬいぐるみを携帯する

いつでもぬいぐるみとかかわる環境をつくる

そして、もう1つオススメの方法が、「ぬいぐるみを携帯すること」です。普段から携帯することで、いつでもどこでもぬいぐるみに触れたり話しかけたりできます。持ち歩いているカバンの中に入れ、必要に応じてぬいぐるみと意識してかかわってみてください。

仕事で動揺したときにぬいぐるみを取り出して触れるだけで気持ちが落ち着き、早く立ち直れることもあります。

「外にぬいぐるみを携帯する人なんているのだろうか？」と疑問に思われたかもしれませんが、よく観察すると年齢を問わず意外といるのです。ぬいぐるみのストラップをカバンにつけていたり、職場のデスクにぬいぐるみを置いていたり、クッションを使いながら仕事をしている人もいます。

あるいは、最近だと、ぬいぐるみのようにフワフワした素材のティッシュカバーをつけている人もいますが、これも広い意味でぬいぐるみだと考えられます。職場にぬいぐるみを持ち込んでいる人は、あなたの想像以上に多いのです。

とはいえ、「大き過ぎてぬいぐるみを持ち歩けない」といった人もいるでしょうし、「やっぱり外に持ち歩くのは恥ずかしい」という人もいるでしょう。その場合は、お気に入りのぬいぐるみの写真を撮り、スマートフォン等でいつでも写真を見返せるようにしてください。実際に触れているときよりも効果は薄いかもしれませんが、普段からかかわっているぬいぐるみの写真を見るだけで気持ちが落ち着いたり、自分で自分の気持ちに気づきやすくなります。

それこそ待ち受け画面に設定すれば、起動した瞬間にぬいぐるみの写真が飛び込んで来ます。現代を生きていれば、１日に１度もスマートフォンに触れない人はほとんどいないでしょう。意識的にぬいぐるみとかかわる習慣をつくる上でも、待ち受け画面に設定すれば半ば強制的にぬいぐるみとかかわることができるのです。

人間関係の悩みを解決する3ステップを実践する上でも、ぬいぐるみと意識してかかわることは大切です。ぬいぐるみを使って自分の気持ちを声に出すこともできますし、ぬいぐるみが発するメッセージに気づきながら自信のなさと向き合い、主語を自分にして問いかけていくこともできます。

すべてのステップにおいて、ぬいぐるみと意識してかかわることは、好影響を与え続けていきます。その上でも、ぬいぐるみと意識してかかわる習慣をつくることが重要です。まずは本書で紹介したかかわり方を、1つずつ実践してみてください。

ぬいぐるみに魂は宿るのか

本物の魂が宿っていることはない

ここまでぬいぐるみとの関わり方について解説して来ましたが、「ぬいぐるみに魂は宿るのでしょうか?」という質問を受けることはよくあります。第2章でもお伝えしましたが、歴史的背景や心理学の視点からも、ぬいぐるみは単なる物ではなく生きているかのように見立てられてかかわられて来ていることは確かです。

ですが、実際にぬいぐるみが生きているわけではないので、本物の魂が宿っていることはありません。あくまで「生きているように(魂を持った存在であるかのように)見立てられている」だけであり、実際に生きていたり魂が宿っているわけではないのです。

第4章で、ペットや植物の話を取り上げましたが、もしぬいぐるみに向けてネガティブな気持ちをさらけ出したとしても、ぬいぐるみの元気がなくなったり体調を崩すことはありません。もちろん、「元気がなさそう」にぬいぐるみが見えてしまうことはあるかもしれませんが、生きているわけではないので実際に元気がなくなることはないのです。見方を変えれば、実際に生きていないからこそ、ぬいぐるみは、自分の気持ちに気づきながら人間関係の悩みを解決する上で最適な存在だと言えます。

【お客様のエピソード③】高木さん（女性・システム関連会社）の場合

ここからは、第4章と同様に、お客様のエピソードを紹介します。また、ぬいぐるみとのかかわり方についても、具体的なエピソードをお伝えしていきます。

最初に紹介するのは、高木さん（女性・仮名）の事例です。高木さんは、システム関連の会社に勤めており、仕事の悩みをキッカケに私のことを知られました。ですが、彼女と話す中で、仕事だけではなく、彼女の生き方すべてに影響を与える悩みの本質に気づきました。

＝＝＝＝＝高木さんの話　ここから＝＝＝＝＝

伊庭さんのことを知ったのは、仕事で悩んでいたことがキッカケでした。あるとき、会社や組織に対する文句やグチを散々口にした後、ふと「それで、私はどうするの？」と考えたところ、何もわからなかったのです。自分の気持ちが全くわからない現実に驚愕しました。「自分の気持ちが自分でわからないってどういうこと？」と思いました。

そんな中で伊庭さんと出会い、「悩みの原因は自信のなさ」という言葉を聞き、「自分の気持ちがわからない原因はこれではないか？」と思いました。仕事でも、夫婦関係でも、子育てでも、悩みや苦しみを突き詰めるとすべては自信がないから。伊庭さんのお話は、まさに私自身のことでした。

振り返れば、私は、長年、自分の感情に鍵をかけて来ました。母親が怒ると手がつけられない人で、イライラして反論したくても言い返さないことが一番早くその場から解放される方法であったため、とにかく黙っていました。おそらく、これ以上自分が傷つかないようにするために、感情に鍵をかけていたのだと思います。

その影響からか、苦しいときの手段として、「何も感じないようにする」ことが定着し、気づけば自分で自分の気持ちがわからなくなっていました。感情に鍵をかけて過ごした結果、職場で自分の意見を言えず我慢したり、旦那には上手く自分の気持ちを言えずに苦しんだりして、その度に「どうせ私なんて…」と自分で自分を責めてばかりいました。このままだと同じ悩みを繰り返し続けてしまうし、何より自分で自分のことがわからないまま人生が終わってしまうのではないかと怖くなりました。

感情に鍵をかけず、自分の気持ちを表現できるようになりたい。「自分らしさ」とは、一体どんなものなのか。私が大切にしたいものは何なのか。残りの人生、どんな生き方をしたいのか。これらがわかるようになりたいと強く感じています。そうすればきっと、仕事も家族との関係も目標実現も、自分らしく幸せなものになる気がします。

＝＝＝＝＝ 高木さんの話　ここまで ＝＝＝＝＝

私達人間には、感情があります。感情が一切ない人はいません。何も感じないように振る舞い続けるほど、自分で自分の気持ちがわからなくなってしまいます。その場の流れに任せたり、相手に合わせて行動したりと、その場をやり過ごすことはできますが、自分の気持ちをないがしろにすることになります。

「自分を大切にする」「自分を愛する」「自分らしく生きる」といった言葉がありますが、感情がないように振る舞い続けると、こうした状態からは自然と遠ざかってしまいます。喜怒哀楽すべての感情にブレーキをかけているようなものであり、自分が何をしたいのかもわからなくなってしまいます。

決して不幸な人生ではないかもしれませんが、「何のために生きているのだろう…」と、心にポッカリ穴が開いたような感覚を抱くこともあります。

高木さんに生まれた変化

私は、高木さんのお話を聞きながら、本書で紹介した人間関係の悩みを解決する３ステップをお伝えしました。また、高木さんの状況を踏まえ、個別に取り組むメニューをお伝えしました。そして、ぬいぐるみ心理学を実践する中で、高木さんの日常で着実に変化が生まれました。変化を実感された高木さんの声を紹介します。

＝＝＝＝＝ 高木さんの話　ここから ＝＝＝＝＝

今までの私は、文句や不満を言ったり、相手にもっとこうして欲しいと思ったりするばかりで、「ではあなたはどうしたいの？」と聞かれても答えられませんでした。ですが、ぬいぐるみ心理学を実践する中で、少しずつ自分の意見を周りに言えるようになりました。すると、次第に文句や不満を言うことも減り、気持ちよく過ごせるようになりました。

職場の苦手な人に対しても、まずは自分から気持ちを話せるようになりました。私が苦手意識を持って接する限り、相手にも伝わってしまいます。苦手な人と一緒だった先日の会議でも、想像以上にスムーズに話が進んだことに驚いています。私が怖がらずに素直に話せば、相手も素直に反応してくれることを実感できました。

また、伊庭さんが教えてくださったぬいぐるみとのかかわり方を実践するうちに、徐々に自分で自分の気持ちがわかるようになりました。

周りを気にして行動できないときや、自分が見ないようにしている感情があっても、クマのぬいぐるみが私の本音を私に語りかけてくれるのが実感できるようになりました。「自分が大事にしたい想いは何か」や「本当にしたいことは何か」や「相手に伝えたいことは何か」といった気持ちも、クマのぬいぐるみとかかわる中で気づけるようになり驚いています。

そして、面白いのが、私が自分と向き合って行動することで、周りにも変化が生まれていること。旦那や子供たちも自分を主語にして話すようになったり、それぞれのしたいことを尊重できるようになり始めました。「相手を変えようとする限り相手は変わらない。大事なのはまず自分が変わることであり、自分が変われば結果として周りも変わる」という伊庭さんの言葉を短期間で実感しています。

自信のなさと向き合いながら、「どうしたいのか？」を問いかける中で、自分で自分のことがわかるようになりました。どこへ行きたいのか、何を食べたいのか、何をしたいのか等、日常の様々な場面で自分を主語にしながら行動できる瞬間が増えました。

その中で、自分が何を大切にしながら人生を送りたいのかも見えて来ました。これから先も様々なことがあると思うけれど、何があっても「私は大丈夫」と思えるようになったのが、本当に幸せです。

＝＝＝＝＝ **高木さんの話　ここまで** ＝＝＝＝＝

ぬいぐるみが発するメッセージに気づけるようになることで、自分が本当に望む行動を選択できるようになります。

高木さんの場合、ぬいぐるみと意識してかかわる中で、心の奥底にある本心に気づけるようになりました。自信のなさと向き合えていないときや壁にぶつかっているときは、ぬいぐるみは自分が進みたい方向につながるメッセージを発してくれます。高木さんは、現在も継続的にぬいぐるみとかかわる時間をつくっていますが、ぬいぐるみのメッセージに感覚的に気づけるようになるほど、悩みは解決しやすくなります。

また、本書のテーマでもある人間関係ですが、人間関係の悩みを抱くほど、自分よりも先に周囲のことを意識してしまうため、自分で自分のことがわからなくなります。自信のなさと向き合いながら自分を主語にして問いかけることで、着実に自分の気持ちに気づけるようになります。そしてその先には、「自分を大切にする」「自分を愛する」「自分らしく生きる」といった状態を実感できるようになります。

【高木さんのＢｅｆｏｒｅ】

・感情に鍵をかけてその場をやり過ごしたり、自分で自分を責めていた。
・周囲に自分の気持ちを上手く伝えられない。
・自分で自分の気持ちがわからない。
・今後の人生でどんな生き方をしたいのかがわからない。

【高木さんのＡｆｔｅｒ】

・苦手な人にも自分の意見を伝えられるようになった。
・自分で自分を責めることがなくなった。
・ぬいぐるみと意識してかかわりながら自分の本心に気づけるようになった。
・何を大切にしながら人生を送りたいのかが見えて来た。

【お客様のエピソード④】小林さん（男性・システムエンジニア）の場合

続いては、小林さん（男性・仮名）の事例を紹介します。小林さんは、システムエンジニアをしており、私と出会う約半年前に転勤により職場環境が大きく変わりました。新たな環境で抱いた悩みを機に、仕事について見つめ直すようになりました。

＝＝＝＝＝小林さんの話　ここから＝＝＝＝＝

伊庭さんにお会いする約半年前に転勤で職場が変わり、辛く感じる日々が続いていました。具体的に言えば、職場環境が変わったことで、仕事の進め方に悩み、相談できる人がいないこともあり、職場に行くのが辛い状況です。「自分が何か変わらないといけない」と考えつつも、どうすればよいかわからずにいたところ、伊庭さんのサイトに出会いました。

また、私の中でも、相手の顔色を伺ってしまうことがあり、自分の中でため込み続けてしまう癖があります。たとえば、同僚に質問する上でも、「この内容で質問しても大丈夫なのだろうか？」と考えてしまい、自分の中で念入りに調べ続けて一向に質問できないことがあります。

そして、平日の大半は仕事のことが頭から離れず、休日もふとした瞬間に仕事のことを考え不安になってしまいます。仕事と仕事以外の切替えが上手くいかず、十分に休めているような感覚が持てていない状況です。本心では望んでいなかったものの、思わぬタイミングで管理職に昇進したこともあり、余計に仕事のことばかり考えてしまう日々を過ごしています。

悩みを抱いても振り回されない自分になりたいし、悩み過ぎない自分にも変わりたい。そして仕事以外の時間に仕事のことを考え過ぎる状態もなくしたいです。

===== 小林さんの話　ここまで =====

第1章において、仕事は仕事と割り切ることは不可能だとお伝えしました。小林さんの言葉にもあるように、仕事の悩みを仕事以外の時間に引きずり、ストレスを抱き続けることはあるのです。この状況で「転職しよう！」と思い転職をしても、転職先でも仕事の悩みを仕事以外の時間に引きずってしまう状況は変わりません。

小林さんの場合、転勤で職場環境が変わった、管理職に昇進して立場が変わったこともありますが、本書でもお伝えしているように、環境の変化がなかった頃から、悩みの本質は形を変えて何度も繰り返されています。自分が理想とする形で仕事を進める上でも、悩みの本質に向き合っていくことが大切だと言えます。

小林さんに生まれた変化

私は、小林さんのお話を聞きながら、本書で紹介した人間関係の悩みを解決する3ステップをお伝えしました。また、先ほど紹介したぬいぐるみとのかかわり方についてもお伝えしました。小林さんは、ぬいぐるみを自宅に飾っていたものの、特に意識することなく生活していました。ぬいぐるみとのかかわり方を知ったことを機に、小林さんは意識的にぬいぐるみとかかわるようになりました。

そして、ぬいぐるみ心理学を実践する中で、小林さんの日常に変化が生まれました。変化を実感された小林さんの声を紹介します。

＝＝＝＝＝小林さんの話　ここから＝＝＝＝＝

伊庭さんと初めてお会いしたときに、「思ったことは全部、声に出す」「職場で独り言を発することを習慣化する」と決めました。最初は忘れてしまうこともありましたが、職場では休憩がてら席を離れ独り言を発するようになって、「どうしたいのか？」を問いかけるうちに、自分の変化を感じられるようになって来ました。

たとえば、仕事で同僚と調整をする必要があるときに、まず相手のことを気にしている自分に気づけるようになりました。「こう言ったら相手にどう思われるだろう？」と考えたときは、「自分がどうしたいのかで伝えよう」と自分に意識を戻せるようになり始めました。

その結果、苦手な人にも仕事のお願いができたり、自分の意見を遠慮せず伝えられるようにもなりました。

そして、伊庭さんに教わったぬいぐるみのマッサージですが、実際にやってみると、まるで自分に対してしているように思え、不思議な感覚でした。定期的にぬいぐるみに触れるようになり、心が落ち着いたり、ホッと安心できるような感覚を抱き、苦しい心境から早く抜け出せるような感覚も抱いています。

また、仕事の忙しさに追われているときほど声に出さなくなることにも気づきました。頭の中でどんどんネガティブに考えてしまうので、そんなときはお風呂に入って声に出すようにしました。ある意味で頭の中が便秘状態だったのだと思いますし、声に出すことで悩みを引きずることはなくなっていきました。

伊庭さんと初めてお会いしたときに伝えた「仕事と仕事以外の切替えができないこと」も、ぬいぐるみ心理学を実践していく中で改善されました。仕事のことを考えたいときは考え、自分の時間をつくりたいときはつくれるようになり、自分の時間の使い方を自分で決められるようにもなりました。

趣味を楽しんだり自宅でゆっくり過ごしたりできるようになったのも、「どうしたいのか？」を意識して問いかけ続けたからだと思います。

「悩みの背景にあるのは自信のなさ」だということが、実践を続けるうちに理解できました。自信のなさと向き合いながら「どうしたいのか？」と問いかけ働くことができるようになり始めています。ぬいぐるみ心理学で自分と向き合った時間は、私にとって濃密な時間でした。

＝＝＝＝＝ 小林さんの話　ここまで ＝＝＝＝＝

どんな気持ちも、まずは声に出すことは大切ですし、物事が上手く進んでいないときほど、声に出さず頭の中で考え続けてしまいます。「相手のことを気にしているな」と気づき、自分に意識を戻して行動できるようになったのも、自分の気持ちを声に出すことが習慣化したからだと言えます。

また、仕事等やることに追われているときほど、気づかぬ内に心と身体も追い込んでしまいます。気持ちの余裕がなくなったり、肩に力が入ったりと、緊張状態で日々を過ごしてしまうこともあります。

そんなときに、ぬいぐるみに意識して触れることができれば、心身にゆとりをつくり出すことができます。ゆとりができるからこそ、現状を冷静に振り返れたり、悩みをため込み続けることもなくなります。

【小林さんのＢｅｆｏｒｅ】

・相手の顔色を伺い、自分の中でため込んでしまう。
・休日も仕事のことを考え不安を抱いてしまう。
・仕事と仕事以外の時間の切替えが上手くできず疲れてしまう。
・悩みを引きずりながら、仕事に行くのが辛いと感じてしまう。

【小林さんのＡｆｔｅｒ】

・相手にどう思われるかを気にせず仕事のお願いができたり意見が伝えられるようになった。
・ぬいぐるみに触れながら心身にゆとりのある状態をつくり出せるようになった。
・自分の気持ちを声に出すことで、悩みを引きずることがなくなった。
・自分の時間の使い方を自分で決められるようになった。

ぬいぐるみに癒される「だけ」では変わらない

ぬいぐるみの世界で完結してはいけない

ここまでぬいぐるみとのかかわり方を解説し、お客様の事例も紹介しました。早速、今からぬいぐるみと意識してかかわっていただきたいのですが、絶対に見落としてはいけないポイントを1つお伝えします。それが、「ぬいぐるみに癒されるだけでは悩みは解決しない」ということです。

確かに、ぬいぐるみとかかわればホッと安心しますし、モヤモヤした気持ちが晴れることもあります。ぬいぐるみに話しかけながら、自分の本心に気づけるようにもなるでしょう。ですが、ぬいぐるみが自分に代わって行動してくれることはありません。たとえば、大事な場面で自分の意見が言えずに悩んでいるとして、ぬいぐるみが自分の代わりに意見を言ってくれることはありません。

私は、お客様に対してよく、「ぬいぐるみの世界で完結しないようにしてください」と伝えます。ぬいぐるみの前でだけリラックスして、素の自分で過ごせるようになる一方で、実際の人間関係において悩みを抱え続けていては、根本的な悩みは解決しませんし、これはぬいぐるみの世界で完結した状態だと言えます。

ぬいぐるみとかかわりながら、気づいたことを日常に活かすことができて、初めて現実が変わり始めます。第2章で私は、「ぬいぐるみを好きにならなくてよい」とお伝えしましたが、悩みを解決したり、願いを叶える手段としてぬいぐるみと意識してかかわっているという視点を持ち続けることができるかどうかが重要なのです。

ネネちゃんのママから抜け出すことで悩みは解決する

「クレヨンしんちゃん」のネネちゃんのママのストレス発散法

ぬいぐるみの世界で完結している具体例として、漫画「クレヨンしんちゃん」に登場するネネちゃんのママを紹介します。ネネちゃんのママは、イライラした気持ちが我慢の限界に達すると、おもむろにウサギのぬいぐるみを取り出してサンドバック状態で殴り続けます。「ママ怖い！」とネネちゃんが泣き出しているにもかかわらず、ひたすらぬいぐるみを殴り、ストレスを発散しているのです。

確かに、ウサギのぬいぐるみを殴ることで、イライラした気持ちは発散できます。ですが、ぬいぐるみを殴っても、悩みの根本原因は解決していないのです。

たとえば、ネネちゃんと食べようと思っていたケーキをしんちゃんが食べてしまう場面があります。「このケーキは食べてはいけない」とハッキリ言えず、しんちゃんに対して回りくどい説明をし続けたことで、最終的にはしんちゃんにケーキを食べられてしまったわけです。

しんちゃんに対する接し方はもちろん、人間関係における自身の課題に向き合うことがない限り、ネネちゃんのママは相手や場面を変えて同じように我慢をし続け、限界に達した頃にウサギのぬいぐるみをひたすら殴り続けることを繰り返してしまいます。

実際、ネネちゃんのママがしんちゃんの言動にイライラし、ウサギのぬいぐるみを殴り続けるシーンは何度も描かれていますので、悩みを繰り返してしまっていると言えます。ネネちゃんのママは、自信のなさに向き合うことができず、ぬいぐるみの世界で完結していると言えるのです。

私は、ぬいぐるみ心理学を通して、ぬいぐるみの世界と日常をつなぐ架け橋になることを意識しています。ぬいぐるみの世界だけで完結していても悩みは解決しませんが、一方でぬいぐるみとかかわることで悩みを解決するヒントを得られます。

人間関係の悩みを解決する3ステップを実践しながら、合わせてぬいぐるみとも意識してかかわることで、仕事やプライベートなど様々な場面における人間関係が好転し始めます。

●第5章のポイント

◆自分が心惹かれるぬいぐるみを選ぶことが大切である。
◆ぬいぐるみに触れることで安心感を抱き、悩みを引きずりにくくなる。
◆ぬいぐるみが発するメッセージとは、本当の自分が発するメッセージでもある。
◆ぬいぐるみの発するメッセージに気づき日常に活かすことで、悩みが解決へと向かう。
◆ぬいぐるみは自分に代わって行動してくれないので、ぬいぐるみの世界だけで完結しない。

第6章

ストレスフリーな人間関係を手に入れた先に

「変わりたい！」と願い続けても変われない理論的背景

現状から変われない2つの理論背景

ここまで人間関係の悩みを解決する方法をお伝えして来ました。

「伊庭さん、ありがとうございます！」。「これで人間関係の悩みを解決できそうです！」。

このように思っていただけたら、私としても本当に嬉しいのですが、その一方で、見落としてはいけない重大な事実についてもお伝えしなければなりません。

残念ながら多くの人が、本書を読んだだけでは悩みが解決せず、現状から変われないままなのです。そして、これには2つの理論背景が影響しています。

人間の記憶のメカニズム

まず1つ目の理由が、私達人間の記憶のメカニズム。エビングハウスの忘却曲線という理論でも証明されていますが、私達人間は、何かを学んだり気づいても、1時間後には約50％の記憶を忘れ、1日後には約75％の記憶を忘れてしまうのです。つまり、本書の内容も、1時間後には半分、1日後には4分の3を忘れてしまうのです。これでは変化は生まれません。

多少の個人差があるとしても、記憶のメカニズムは誰もが共通して備えているものです。ただし、忘れてしまう前に復習をすれば、記憶は定着し忘れにくくなります。たとえば、学校の勉強で英単語を覚える上でも、毎日のように復習していれば、英単語を忘れることがなくなっていきます。

一方で、その日に学んだ英単語を復習しなければ、翌日にはほとんど忘れてしまうのです。「なかなか覚えられない！」と勉強で悩んだことがある人は、記憶のメカニズムに影響を受けていると言えるのです。復習しながら記憶として定着させ、忘れにくくする工夫ができるかどうかが、記憶のメカニズムを意識した上で得たい結果を得るために非常に重要なことです。

「いつかやろう」はいつまでもやらない

目標を達成できない人や延々と変化が起こらない人に共通しているのが、「実行する期限を決めないこと」です。期限を決めないのは、「いつかやろう」と宣言しているようなもの。「いつか勉強しよう」「いつか練習しよう」「いつか転職しよう」「いつか結婚しよう」というように、「いつかやろう」と思っているといつまでも行動に移しません。

大事なのは、「あなたの日常に変化が生まれること」です。本書を読んで気づいたことを、まずは１つ実践してください。１つ実践することで、あなたの日常に変化が生まれ始めます。

現状維持バイアス

２つ目の理由が、現状維持バイアスという心理背景。ひと言で説明すると、「変化を怖れて現状維持を望んでしまう」という私達人間の心の働きのことです。たとえば、仕事やプライベートで悩みを抱えており、「現状を変えたい！」と強く願っていたとしても、現状からの変化に対して怖れや不安を同時に抱いてしまい、結局は今と変わらない現状を続けてしまうことです。

これに関連して、心理学では、「損失回避の法則」があります。損失回避の法則とは、「損をしたときの痛みを利益を得たときの喜びよりも2倍強く感じる」というものです。現状からの変化に対して怖れや不安を抱えてしまうのは、「現状から変わることで上手くいかなかったら（＝損をしたら）どうしよう…」という意識が生まれているからです。本当は現状を変えたいものの、損失を回避するために現状維持を望んでしまう一面があるのです。

現状から変わろうと思えば、今までとは違う行動を取る必要があります。当然ながら上手くいかないこともあるでしょうし、自信のなさと向き合う過程で今まで見て見ぬふりをして来た課題に直面することもあるでしょう。そうした状況が訪れる可能性があるならば、むしろ現状維持を続けていたほうが先が見えているので安心感を抱けます。今のままの状況が続けば、悩みも解決せず、苦しいだけですが、よくも悪くも今までと同じような振舞いを続けていればよいので楽なのです。その結果、現状から変わる必要性を感じながらも、結局は実践を止めてしまい、今までと変わらない毎日を過ごしてしまうのです。

「難しい」「私にはできない」「時間がない」「お金がない」「やったことがない」「面倒くさい」といった言葉が頭に浮かびやすくなるのも、変化を怖れて現状維持をさせようとしているからとも言えます。こうした言葉を考えていれば、現状から変わらない材料を無限につくり出せてしまうのです。

ただし、現状維持バイアスが出て来たときに、その存在に気づければ、日々の行動を変えていくことはできます。「今は現状維持バイアスが働いているな」と声に出して気づければ、「自分がどうしたいのか？」と問いかけ、行動を続けていけるのです。何も知らなければ、気づかぬ内に行動を止めてしまいますが、気づくことができれば、現状維持バイアスに屈せずに行動を続けていけます。

「変わりたいけど変われないスパイラル」から抜け出す

解決したい悩みや実現したい願いの内容は、人によって違いますが、私は多くのお客様から「変わりたい！」という声を寄せられます。１人でも多くの人が自信のなさに向き合いながら、ストレスフリーな人間関係を手に入れてもらいたいと思っています。

ですが、同時に、変わりたいと思いながらも、変わらずに時間ばかりが過ぎてしまう人がいることも認識しています。

私と会うまでに、変わりたいけど変われないスパイラルを繰り返し続けて来たお客様とも数多くお会いして来ました。今回紹介した２つの理論背景を知ることで、さらに行動に移しながら現状を変えていくことができます。現状を本気で変えるという気持ちを持ちながら、具体的な行動に移していくことができるのです。

そして、変わりたいと思いながらも変われないスパイラルにハマってしまう人は、ある重大なミスを犯していることが多いです。

先ほど紹介した2つの理論を知っても、上手くいかないときは、次に紹介するミスを犯し続けているかもしれません。一体どのようなミスを犯しているのか。

仕事とパートナーシップについて、2つの具体例を紹介しながら説明します。

上司と部下のコミュニケーションが上手くいかない原因

原因はお互いの自信のなさ

仕事の悩みについては、私の講座でも非常に多く寄せられていますし、仕事の悩みも結局は人間関係の悩みにつながります。「仕事量が多くて定時で帰れない」「今の仕事が向いているのかわからない」「営業成績が上がらない」といった悩みも、実は人間関係の悩みが背景にあるのです。

ここで取り上げるのは、上司と部下のコミュニケーションが上手くいかない原因についてです。人間関係の悩みの根本原因は、自信のなさなので、上司と部下のコミュニケーションが上手くいかない原因もお互いの自信のなさです。

上司の顔色を伺って回りくどい報告をしてしまったり、部下に言い過ぎてしまい不穏な空気が流れたりするのは、お互いの自信のなさが背景にあるのです。そして、上司と部下のコミュニケーションが上手くいっていないときほど、「相手に原因を求める思考」が出て来ます。

「あいつは何を考えているのかわからない」。

「最近の若い社員はコミュニケーションの取り方をわかっていない」。

「部下のほうから自分の気持ちを伝えてくれないのが悪いんだ」。

「上司は自分の気持ちをわかってくれない」。

「上司が取っつきにくいから仕事が上手く進められない」。

「他の同僚と比べて、何だか私だけに冷たい気がする」。

人間関係は、自分と相手それぞれがかかわることで成立しますので、どちらか一方だけに原因があるということはあり得ないのです。それにもかかわらず、相手にばかり原因を求め続けてしまうと、当然ながら人間関係は上手くいかないのです。

こうした意識を上司と部下がそれぞれ抱いていれば、いつまで経っても上手くいかない状況は変わりません。

部下と良好な関係を築きながら仕事で成果を出す方法や、上司の顔色を伺わずに自分の意見を伝える方法など、上司と部下それぞれの目線から悩みを解決し、目標を実現するための方法をお客様に伝えることも多いのですが、「相手に原因を求める思考」を手放すことが前提となります。

ちなみに、これは上司と部下の関係性だけでなく、同僚との関係性においても当てはまりますし、会社や部署という大きな単位においても言えることです。相手にばかり原因を求めたり、会社や部署に原因を求め続けても、いつまでも現状が変わらず、むしろ悪化することもあるのです。

組織を立て直す鍵は人間関係

組織を立て直す上で3ステップを活用する

ここまでの話は、上司と部下の関係にとどまらず、会社やチーム等の組織を立て直す上でも効果的です。会社や部署、チームなど大きな単位で考えたとしても、そこには必ず人が存在します。結局のところ組織の課題も人間関係が背景にあるので、組織内の人間関係を改善することができれば、結果として組織の状況を立て直し、本当に望む成果を得られるようになります。

それは、上司と部下という1対1の関係性かもしれませんし、上司が多数の部下をマネジメントする1対多数の関係性かもしれません。あるいは、お客様とのかかわりであったり、大人数の前でプレゼンテーションをする場面にも当てはまるでしょう。

第4章で人間関係の悩みを解決する3ステップを解説しましたが、これは、そのまま組織を立て直す上でも活用できます。3ステップのどこができていないのかを分析し、その上で3ステップが循環するように取り組むことができれば、着実に変化が起こるようになります。

また、第5章では、人間関係の悩みを解決するぬいぐるみとのかかわり方を解説しました。「組織の立直しにぬいぐるみは使えないのではないか？」と思われたかもしれませんが、実はぬいぐるみを上手く活用することもできます。

たとえば、部署内にぬいぐるみを置くだけで社員が安心感を持って働けたり、社内コミュニケーションのキッカケとなることもあります。あるいは、触り心地のよいクッションを希望社員に提供することで、落ち着いた気持ちで仕事に取り組みやすくもなります。

実際、会社のイメージキャラクターのぬいぐるみを社内に置いている会社もあります。ぬいぐるみとかかわることで安心感を抱きやすくなれば、組織の満足度の向上にもつながる可能性があります。

なでしこジャパンの結束力を一層高めた「白クマのぬいぐるみ」

ぬいぐるみがもたらす結束力

ぬいぐるみの存在が組織やチームの成果につながった例としては、２０１５年にカナダで開催されたＦＩＦＡ女子ワールドカップの日本代表（なでしこジャパン）のケースがあります。

この大会の初戦で、チームの主力であった安藤梢選手は足を骨折してしまい、手術のために大会の途中で離脱を余儀なくされてしまいます。

チームが決勝戦まで勝ち残れば、手術を終えた安藤選手がチームに再合流できることがわかっていたので、残された選手達は、安藤選手の代わりに安藤選手の背番号を付けたユニフォームを着せたぬいぐるみをベンチ入りさせたいと考えました。

その後、カナダで白クマのぬいぐるみを手に入れ、安藤選手の愛称の一部を込めて、「あんくま」

と称し、安藤選手に見立ててベンチに置き、「安藤選手を決勝まで連れて行く」ことを合言葉に試合を戦い抜いたのです。その結果、チームは見事決勝まで進出し、安藤選手もチームに合流し決勝でベンチに入り、一緒に戦うことができたのです。

大会が終わり帰国した際は、安藤選手は白クマのぬいぐるみを大切そうに抱え、「自分が途中で離脱してもチームの仲間だと思ってもらえて嬉しかった。ぬいぐるみは大切にしたい」と語っています。

確かに、決勝戦まで勝ち進めた背景には、なでしこジャパンの実力もあったでしょう。ですが、決勝戦までの6試合をなでしこジャパンはすべて1点差で勝利して来ました。接戦になっても勝ち進めた背景には、決して実力だけでなく、白クマのぬいぐるみを通して安藤選手のことを想い続けたことで、より一層の結束力が生まれたこともあると考えられます。

パートナーシップの悩みを抱き続ける原因

相手にばかり原因を求める思考を手放す

ここまで仕事について取り上げて来ましたが、２つ目の具体例はパートナーシップです。恋愛や夫婦関係といったパートナーシップに関する相談も私のお客様からよく寄せられますし、結婚をすれば基本的には生きている限り相手との関係は続くので、悩みと向き合わないと一生悩みを抱き続けてしまうこともあります。

パートナーシップにおいても上手くいかない原因は、お互いの自信のなさです。たとえば、相手の顔色を伺ってかかわり続ければ、相手もそんな自分を好きになってしまうので上手くいかない可能性も高まります。いわば、最初からいい子の仮面をかぶった状態でかかわるので、相手は仮面をかぶった自分に好意を抱いてしまうのです。

「結婚したんだから、本当の私を受け止めて欲しい」と思い仮面を外すと、相手は困惑してしまいます。「私が好きになったのは仮面をかぶった状態のあなただから、これからも仮面をかぶり続けて欲しい」と言われ、ギクシャクした関係につながることもあるのです。

相手に言い過ぎてしまったり、相手の好みに合わせ続けてしまったり、嫌われたり怒られるのを怖がって大事なことを伝えなかったりすれば、ボタンの掛け違いが生まれやすくなります。そして、仕事の話と同様に、パートナーシップの悩みを抱えているときほど「相手に原因を求める思考」が出て来やすくなります。

「何を伝えてもわかってくれない」

「相手は私のことを大切に思ってくれない」

「何を考えているのかわからない」。

パートナーシップも人間関係であり、自分と相手それぞれがかかわることで成立します。どちらか一方だけに原因があるということはあり得ないのです。自分と相手お互いの背景を振り返りながら行動することで、自分が本当に望むパートナーシップを実現することができます。

「わかって欲しい」が人間関係を崩壊させる理由

相手をコントロールすることはできない

ここまで仕事とパートナーシップの例を紹介しましたが、どのような関係性であっても、上手くいかないときほど「わかって欲しい」という言葉を使ってしまいます。実は、わかって欲しいという言葉は、人間関係の悩みが解決しないNGワードなのです。

「相手に自分の気持ちをわかって欲しい」「仕事を期日までに仕上げて欲しい」というように、「～して欲しい」という言葉は、相手の存在を前提としています。相手の気持ちは、コントロールできませんが、して欲しいと思えば思うほど、相手に求め過ぎてしまうのです。

逆の立場に立って考えてみてください。たとえば、告白される際に「私のことを好きになって欲しい」と相手から言われたら、あなたはどう思いますか？

「何か重いな」と私なら感じるでしょう。もちろん、相手のことが好きなら別ですが、特段好きでなければ、自分の気持ちをコントロールされているような気がしてしまいます。どれだけわかって欲しいと思い続けても、相手の言動をコントロールすることはできないですし、相手から反発を受ける可能性もあります。わかって欲しいという言葉は、人間関係の悩みが解決しないときに思わず使い続けてしまう言葉なのです。

人間関係の悩みを解決する3ステップの中で、「どうしたいのかと問いかける」というステップがあります。「したい」と「して欲しい」は、似ているようで実は全く異なるものです。「どうしたいのか?」の主語は自分自身であり、自分の行動は、自分の意思で決めることができます。その一方で、「して欲しい」という言葉は、相手の存在を前提にしていますし、相手の行動は自分の意思ではどうすることもできません。

変わりたいのに変われない人が気づかぬうちに犯してしまう重大なミスとは、「相手に原因を求め続けてしまうこと」であり、「して欲しいという言葉を使い続けてしまうこと」です。相手を変えることはできないからこそ、まずは自分が自信のなさに向き合い、悩みの解決に向けて行動を始めることがポイントです。

「どう伝わるか」を考えるほど相手に伝わらなくなる理由

「どう伝わるか」ではなく「どう伝えたいか」

人間関係がある限りコミュニケーションも取り続ける必要がありますが、コミュニケーションの悩みを抱きストレスを感じる人の多くが、「相手にどう伝わるか」を考え続けてしまいます。言葉使いを変えたり、話し方のテクニックを駆使したりするのですが、実は相手への伝わり方を考えれば考えるほど、相手に自分の真意が伝わらないことがあるのです。

本書を読み進めてくださったのでもう推測できると思いますが、相手に伝わるかどうかは、自分ではどうすることもできません。相手にどう伝わるかは相手次第であり、何を感じるかも相手次第なのです。「あれも話さないと」「これも伝えないと」「これはやめたほうがよいかな」というように、伝わり方を気にして相手に意識を向け過ぎると、自分でも何を伝えているのかがわからなくなってしまうことがあります。

どう伝わるかを考え続けているときほど、主語を自分に戻してあげることが必要です。「どう伝わるか」ではなく、「どう伝えたいか」です。「伝わる」は、相手をまず先に意識した状態ですが、「伝える」は、自分に意識を向けた言葉です。自分が伝えたいことを伝えたいように伝える意識が持てていれば、結果として相手にも伝わりますし相手の心を動かすこともできます。多少言葉足らずだったとしても、上手く話せなかったとしても、話し手の熱量が相手に伝わっていきます。

たとえば、大勢の前でプレゼンテーションをする上でも、聴衆にどう伝わるかを考えて一生懸命カンペをつくり上げても、いざ発表をする際に手元のカンペや資料ばかりを見ながら伝えていれば、聴衆には自分が意図した内容は伝わり切らないのです。確かに情報はまとまっているでしょうが、「何か退屈だな…」「眠くなって来たな…」「結局何が言いたいのかわからないな…」と相手は感じているかもしれません。

さらに、わかりやすい例で言えば、相手から告白される場面を想像してみてください。

恋愛に関するテクニックを一生懸命学んだ相手が告白して来るのですが、どうも言葉がぎこちない。堅苦しい言葉ばかり使っていたり、綺麗な言葉ばかり並び立てられ、相手の想いが十分に伝わって来ないと感じるかもしれません。さらには、自分に自信が持てず、事前に考えて来た告白の言葉をカンペを見ながら伝えられたら、その瞬間に一気に気持ちは冷めてしまいますよね？

それよりは、たとえ言葉がまとまっていなくても、あるいは緊張して上手く伝えられなくても、「好きです！」とひと言伝えられたほうが、胸を打つ告白になるでしょう。

人前でプレゼンテーションをする場面でも、普段のコミュニケーションでも、「どう伝わるか」に意識が向き続けているときは、主語を自分に戻して問いかけてみてください。「どう伝わるか」を考えれば考えるほど、結果的に相手に自分の真意は伝わらなくなってしまいますし、自分でも何が伝えたいのかわからなくなってしまうこともあるのです。

コミュニケーションにおける２つのタイプ

大事なのは自分とのコミュニケーション

先ほどコミュニケーションについて取り上げましたが、辞書などでコミュニケーションという言葉の意味を調べると、相手の存在を前提とした言葉であることがわかります。ですが、人間関係の悩みを解決する上で、私は、コミュニケーションは２つのタイプに分けられると考えています。１つが「自分とのコミュニケーション」であり、もう１つが「相手とのコミュニケーション」です。

多くの人が相手とのコミュニケーションばかりに意識を向けた結果、人間関係の悩みを抱えてしまいます。先ほどの「どう伝わるか」も相手を意識したコミュニケーションですし、「まず相手のこと」に意識を向けてしまうのが、相手とのコミュニケーションの特徴です。

「相手に伝わりやすい言葉を使わないと…」。

「相手に嫌われないようにかかわらないと…」。

「相手に納得してもらうために接しないと…」。

過去の私もそうだったのですが、まず相手に意識を向けながら、コミュニケーションに関する本をひたすら読み続けていました。ですが、相手が何を感じているのかは、相手にしかわかりません。相手にばかり意識を向け続けているのは、永遠に正解のわからない問題を解いているようなものなのです。

大事なのは、まず自分とのコミュニケーションを取ることです。自分とのコミュニケーションに意識を向け、その上で相手とのコミュニケーションに意識を向けることです。

自分とのコミュニケーションを取るには、本書の第4章と第5章で紹介した内容を実践することです。人間関係の悩みを解決する3ステップや、そのためのぬいぐるみとのかかわり方は、自分とのコミュニケーションを取る方法と言い換えることもできます。

自分とのコミュニケーションが取れるようになるほど、自分で自分の気持ちがわかるようになります。その結果、必要以上に相手に求めなくなりますし、自信のある状態で相手とかかわれるので、自分が本当に望む結果が得やすくなるのです。

逆に言えば、自分とのコミュニケーションが取れていないと、相手とかかわるときに悪影響が出てしまうのです。自分で自分の気持ちに気づけないまま、目の前の友達に不満や愚痴を吐き出し続けてしまえば、長期的に見て相手との関係は悪化してしまいます。あるいは、自分の気持ちに気づけていない状況で相手に気を使い続けていると、相手も違和感を察知してしまいます。

たとえるならば、「私は自分の気持ちを言わないけど、あなたは遠慮せず本音を伝えてね」という姿勢が、気づかぬ内に相手に伝わってしまうのです。もし、自分が相手の立場に立ってみれば、これは到底無理だと思います。「いやいや、まずはあなたが自分の気持ちを伝えてね」とツッコミを入れたくなるでしょう。

心の便秘は自分とのコミュニケーション不足によって引き起こされる

また、自分とのコミュニケーションが取れていないと、自分の心身の状態にも影響が及びます。気疲れをためこんだり、自分で自分を責め続けたり、頻繁にイライラしたり、急に涙があふれて来たり、暴飲暴食や衝動買いに走ったり、体調を崩してしまったりといった現象は、自分とのコミュニケーションが取れていないときに出て来ることもあります。第1章で心の便秘について扱いましたが、気づかぬ内に心の中が便秘状態になってしまうのは、自分とのコミュニケーションが取れていないことも原因だと言えます。

もちろん、相手とのコミュニケーションに意識を向けることは大切ですが、まずは自分とのコミュニケーションが取れるようになることへ意識を向けてください。自分とのコミュニケーションが取れるようになると、結果として今まで以上にスムーズに相手とのコミュニケーションが取れるようになります。

仕事でも、パートナーシップでも、子育てでも、友達との関係でも、あらゆる人間関係において大切なのは、まず自分とのコミュニケーションを取ろうとする姿勢です。

コミュニケーションテクニックを学んでも悩みが解決しない2つの理由

外側の対象に左右されない状態を実現する

「本などでコミュニケーションテクニックを学んでも成果が出ない」という相談を受けることもありますが、ここまでの話を振り返れば、その理由が見えて来ると思います。

コミュニケーションテクニックを学んでも成果が出ない理由は2つあります。1つが、先ほどお伝えしたように、「どう伝わるか」に意識が向き続けているから。まず、相手に意識を向けているからです。そして、2つ目の理由が、「テクニックを学ぶことで外側から自信を持とうとしているから」です。

第3章で自信を持つことと自信を生み出すことの違いについて解説しましたが、「テクニックを学べば上手くコミュニケーションが取れる」というのは、自分の外側から自信を持とうとしている状態です。ですが、テクニックが使えるかどうかは相手次第。Ａさんには効果的だったものの、Ｂさんには効果がないこともあるでしょう。

あるいは、効果が出る日と出ない日があるかもしれません。「あれ？　通用しなかったな？」と不安になって、さらにテクニックを学び続けても、同じ悩みを繰り返してしまうだけです。外側の対象によって影響を受け続けてしまうので、外側の対象を通して自信を持つ状態は非常に不安定だと言えます。

大事なのは、外側の対象に左右されない状態です。相手の状態に影響を受けずに、自分が伝えたいことを伝えられていること。自信を外側から持つのではなく、自分の内側から生み出すことができるようになれば、コミュニケーションの悩みも解決へと向かい、本当に望む成果が得られるようになります。

ストレスフリーな人間関係を実現し続ける人が持っている姿勢

「まず自分、次に相手」の姿勢

これまで数多くのお客様とかかわって来ましたが、ストレスフリーな人間関係を実現し続けるお客様には、共通して持っている姿勢があります。たとえ最初からこの姿勢が備わっていなくても大丈夫ですし、この姿勢が習慣として身につくまで、日々私も口を酸っぱく伝え続けています。

その姿勢とは、「まず自分、次に相手」です。まず自分自身に意識を向け続けることを徹底することで、あらゆる悩みが解決し自分が求める成果が出るようになります。

人間関係でストレスを抱えているときほど、「まず相手、次に自分」というように順番が逆になっています。相手のことをどれだけ考えても、相手の本心を読み取ることはできません。相手のことを気にして自分の気持ちを押さえたり、わかって欲しいと思い続けてかかわっても、自分が望むように相手の反応をコントロールすることはできません。

だからこそ、まずは自分自身に意識を向けることです。自信のなさと向き合いながら、自分の気持ちに気づき、現状を変えるために行動に移し続けることは、自分の意思でいくらでもできます。そして、自分が変われば、自分の言動も変わることになるので、相手に与える印象も変わります。あるいは、「最近変わったよね」と相手が刺激を受けて、相手が勝手に変わり始めることもあるのです。自分が変わることに意識を向けることで、結果的に相手にも変化が生まれ、相手との関係性も変わり始めます。

あなたがどのような悩みを抱いていても、相手を変えることはできません。友達や恋人や親や子供や上司や部下や会社や世間を、自分の思いどおりに変えることはできません。

だからこそ、まずは自分に意識を向け続けることが大切です。「まず自分、次に相手」という姿勢を持ち続けることができるかどうかは、ストレスフリーな人間関係を手に入れる上で重要な鍵になります。

ストレスフリーな人間関係を手に入れた先に待つ未来

自信のなさと向き合うことで手に入れられる未来

あなたがどのような悩みを抱いていたとしても、ストレスフリーな人間関係を手に入れた先には、理想の未来を実現することができます。

仕事で堂々と自分の意見が言えたり、理想の会社に転職できたり、お客様に感謝されながら営業成績も上がったり、同僚と本音で話せるようになったり、部下から一層信頼されたり、仮面をかぶることなく恋愛ができたり、理想の相手と付き合えたり、結婚できたり、お互いを尊重しながらパートナーシップが築けたり、子供の言動にイライラせず個性を尊重できたり、親との間のわだかまりが解消したりと、あらゆるテーマにおいて自分が本当に望む未来につながっていきます。

私自身も、ストレスフリーな人間関係を築けるようになって一番嬉しかったのは、ネガティブな気持ちを抱え続けることがなくなったことです。

第3章でもお伝えしたように、ストレスを一切感じなくなることはありません。ですが、ストレスを感じたときにすぐ気づき、ストレスの原因と向き合うことができれば、ストレスを抱き続けることはなくなります。

ネガティブな感情を抱き続けると、行動に移す足取りも重くなりますし、何より毎日が憂うつになってしまいます。ネガティブな感情を受け止め、自分がしたいと思う行動へと移すことで、ストレスフリーな状態で毎日を過ごせるようになります。

そして、すべての悩みの背景には人間関係があると第1章で述べましたが、裏を返せば、どのような悩みも根本原因は共通しているわけです。自信のなさに向き合いながら人間関係の悩みを解決すればするほど、数学の二次関数の曲線のように、加速度的に変化が起こり続けるのです。

たとえば、職場で自分の意見が言えるようになったら、同時に家庭でも自分の意見が言えるようになる準備が進むのです。悩みの原因が共通しているからこそ、あらゆる場面で人とかかわるからこそ、自信のなさと向き合うことで相乗効果が生まれるのです。

人間関係は、相手や環境を変えながら一生続きます。ストレスフリーな人間関係を実現して、一生続く人間関係を自分が望む状態で築けるようになることを、私も応援しています。

●第6章のポイント

◆相手に求め続けているときほど人間関係の悩みは解決しない。
◆「わかって欲しい」を手放すことが人間関係を好転させる鍵になる。
◆コミュニケーションにおいては「どう伝わるか」ではなく「どう伝えたいか」を意識する。
◆「まず自分、次に相手」の姿勢がストレスフリーな人間関係の実現につながる。
◆自信のなさに向き合うことで、数学の二次関数のように次第に変化が加速する。

おわりに

最後まで読み進めてくださり、本当にありがとうございました。

ここまで読み進めていただいたあなたならば、ストレスフリーな人間関係を実現して、本当に望む毎日を手に入れるキッカケをつかめたのではないかと思います。

私自身も、過去に人間関係で悩んで来たからこそ、悩みが解決せずもがいている人が目の前にいたときに、全く同じ状況には立てないものの心情は理解できます。「なぜ悩み続けるのか？」とモヤモヤした気持ちを抱いて過ごしながらも解決策を一生懸命探したりと、現状を変えていこうという想いを持って行動しているのは、本当に素晴らしいことだと思います。

それに、過去の自分を否定する必要はありません。過去の自分は、そのときできる精一杯で生きて来ました。大事なのは、これから先の未来をどう生きるか。過去の延長で未来を生きたいならばそれも1つですが、過去とは違う未来を生きたいならば、今この瞬間から生き方を変えることはできます。

過去の自分を受け止めた上で、「これからどんな未来を送りたいか？」と自分に問いかけていけばよいのです。何十年も人間関係に悩み続けていたお客様が、わずか数か月でストレスフリーな人間関係を実現できるようになった事例を、私は今まで何人も見て来ました。現状を変える強い想いがあれば、自分が思っている以上に現状を変えていくハードルは高くないのです。

そして、現状を変えるキッカケは、意外なところに転がっています。たまたま読んだ本かもしれませんし、メルマガやブログの記事かもしれませんし、誰かにかけられたひと言がキッカケになることもあります。人間関係の悩みを解決するキッカケも、些細なところにあります。

それに何を隠そう私が現状を変えようと思ったキッカケも、1冊の本との出会いでした。大学2年生の頃に、所属していたサークルの先輩から、何の脈絡もなく、「この本読んだらよいと思うよ」と言われて1冊の本をプレゼントされました。

最初に読んだときは響かず、本棚でホコリをかぶり続けていたのですが、人間関係の悩みが限界に達し始めた頃に改めて読み返したときに、「このまま我慢して毎日を送り続けるのは嫌だ！」と背中を押してもらえました。

本が私に代わって行動してくれることはありませんが、1冊の本をキッカケに現状を変えようと決意することができました。そして、行動を重ねる中で、ぬいぐるみ心理学を開発し、これまで現状を変え続けて来ました。

今この瞬間から、誰もが自分の人生を変えることができます。あなたにとって本書が、そして私との出会いが、現状を変えていくキッカケになれば、これほど嬉しいことはありません。

最後になりますが、本書の出版にあたり尽力いただいたすべての皆様に、心より感謝を申し上げます。ぬいぐるみ心理学という前例のない仕事をしているにもかかわらず、本という形で世に送り出すことができたのは、皆様のご理解とご協力があってこそだと思います。

また、本書を出版できたのは、今まで私のもとを訪れてくださったお客様のお陰でもあります。皆様が、私の教えを素直に実践し成果を出してくださっているからこそ、今回こうして本として世に送り出すことができました。皆様が自分と向き合いながら成果を出している姿を見るのは、時に私の励みにもなりますし、成果の報告を聞けることをいつも嬉しく思っています。本当にありがとうございます。

そして、本書を手に取ってくださったあなたにも、感謝の気持ちで一杯です。仕事やパートナーシップなど、様々な悩みの解決策を探しているときに本書を手に取られたからこそ、本書を通じてあなたと出会うことができました。あなたの現状が変わるキッカケに立ち会えたことが、私も本当に幸せです。

自分の人生の主導権は、他でもない自分自身が握っています。「どうしたいのか？」と自分自身に問いかけながら人間関係の悩みを解決し、理想の毎日を実現していきましょう。いつかあなたと直接お会いできる日が来ることを、私も楽しみにしています。

伊庭　和高

【参考文献・資料一覧】

・『嫌われる勇気　自己啓発の源流「アドラー」の教え』　岸見一郎、古賀史健　著／ダイヤモンド社刊

・『アルフレッド・アドラー　人生に革命が起きる100の言葉』　小倉　広　著／ダイヤモンド社刊

・『運気を磨く　心を浄化する三つの技法』　田坂広志　著／光文社刊

・『日本再興戦略』　落合陽一　著／幻冬舎刊

・『おもちゃと遊具の心理学（精神医学選書第9巻）』　Jニューソン・Eニューソン　著　三輪弘道　ほか訳／黎明書房刊

・『ウィニコットと移行対象の発達心理学』　井原成男　著／福村出版刊

・『平成26年版子ども・若者白書』　内閣府　編著・刊

・『令和元年版子供・若者白書』　内閣府　編著・刊

・『あなたの脳のしつけ方』　中野信子　著／青春出版社刊

・『引き寄せる脳　遠ざける脳「幸せホルモン」を味方につける3つの法則』　中野信子　著／セブン&アイ出版刊

・『話を聞かない男、地図が読めない女』（アランピーズ、バーバラピーズ　著／主婦の友社刊

・『神メンタル 「心が強い人」の人生は思い通り』 星渉 著／KADOKAWA刊
・『クレヨンしんちゃん』 臼井儀人 著／双葉社刊
・『ファスト&スロー（下）あなたの意思はどのように決まるか？』 ダニエル・カーネマン 著
村井章子訳／早川書房刊
・『2018年ビジネスパーソンが抱えるストレスに関する調査』 チューリッヒ生命調査
https://www.zurichlife.co.jp/aboutus/pressrelease/2018/20180516
・『[en] 社会人の転職情報サイトユーザー5000人、退職理由のホンネ・タテマエ調査』エン・
ジャパン株式会社
https://corp.en-japan.com/newsrelease/2013/2531.html
・『玩具市場規模データ』 一般社団法人日本玩具協会調査
https://www.toys.or.jp/toukei_siryou_data.html

著者略歴

伊庭　和高（いば　かずたか）

株式会社マイルートプラス代表取締役。

千葉県千葉市出身。早稲田大学教育学部を卒業し、早稲田大学大学院教育学研究科を修了。

在学中は教育学やコミュニケーションや心理学について学ぶ。幼い頃からぬいぐるみが身近にある環境で育ったことと人間の心理に興味があったことから、両者を掛け合わせた理論をつくれないかと模索。在学中に学んだ質的研究法を用いたアプローチを行い「ぬいぐるみ心理学®」を独自に開発。自ら実践したところ、次々と変化を実感したことから他者に提供を始める。シンプルながらも本質を突き、悩みを根本から解決し、本当に望む毎日を手に入れることに特化した講座や研修、個別のアプローチには定評がある。

これまで8年間で5000名以上のお客様にぬいぐるみ心理学を提供。活動拠点である東京には全国各地や海外からお客様が足を運んでいる。また、1000記事以上ある自身のブログには、毎月14万名以上が訪問、自身が発行するメールマガジンには累計7000名以上が登録している。
・ぬいぐるみ心理学公式サイト
http://waniblog.info（「ぬいぐるみ心理学」で検索してください）

ストレスフリー人間関係
—ぬいぐるみ心理学を活用してあなたの人間関係の悩みを解決する方法

2020年4月15日 初版発行　　2023年10月4日 第3刷発行

著　者　伊庭　和高　© Kazutaka Iba

発行人　森　　忠順

発行所　株式会社 セルバ出版
〒113-0034
東京都文京区湯島1丁目12番6号 高関ビル5B
☎03（5812）1178　FAX 03（5812）1188
https://seluba.co.jp/

発　売　株式会社 創英社／三省堂書店
〒101-0051
東京都千代田区神田神保町1丁目1番地
☎03（3291）2295　FAX 03（3292）7687

印刷・製本　株式会社 丸井工文社

Printed in JAPAN
ISBN978-4-86367-572-8